sera fait mention.

A l'égard des pièces de comparaison et autres qui doivent être représentées aux experts, elles pourront l'être aussi aux témoins, en tout ou en partie, si le juge-commissaire l'estime convenable; auquel cas elles seront par eux paraphées, ainsi qu'il est ci-dessus prescrit.

235. Si les témoins représentent quelques pièces lors de leur déposition, elles y demeureront jointes, après avoir été paraphées, tant par le juge-commissaire que par lesdits témoins, s'ils peuvent ou veulent le faire; sinon il en sera fait mention : et si lesdites pièces font preuve du faux ou de la vérité des pièces arguées, elles seront représentées aux autres témoins qui en auroient connoissance, et elles seront par eux paraphées, suivant ce qui est ci-dessus prescrit.

236. La preuve par experts se fera en la forme suivante:

1.° Les pièces de comparaison seront convenues entre les parties, ou indiquées par le juge, ainsi qu'il est dit à l'article 200, titre *de la Vérification des écritures.*

2.° Seront remis aux experts, le jugement qui aura admis l'inscription de faux; les pièces prétendues fausses; le procès-verbal de l'état d'icelles; le jugement qui aura admis les moyens de faux et ordonné le rapport d'experts; les pièces de comparaison lorsqu'il en aura été fourni; le procès-verbal de présentation d'icelles, et le jugement par lequel elles auront

en leur possession.

224. Le délai qui aura été prescrit au défendeur pour faire apporter la minute, courra du jour de la signification de l'ordonnance ou du jugement à son avoué; et faute par le défendeur d'avoir fait les diligences nécessaires pour l'apport de ladite minute dans ce délai, le demandeur pourra se pourvoir à l'audience, ainsi qu'il est dit article 217.

Les diligences ci-dessus prescrites au défendeur seront remplies en signifiant par lui aux dépositaires, dans le délai qui aura été prescrit, copie de la signification qui lui aura été faite de l'ordonnance ou du jugement ordonnant l'apport de ladite minute; sans qu'il soit besoin, par lui, de lever expédition de ladite ordonnance ou dudit jugement.

225. La remise de ladite pièce prétendue fausse étant faite au greffe, l'acte en sera signifié à l'avoué du demandeur, avec sommation d'être présent au procès-verbal; et trois jours après cette signification, il sera dressé procès-verbal de l'état de la pièce.

Si c'est le demandeur qui a fait faire la remise, ledit procès-verbal sera fait dans les trois jours de ladite remise, sommation préalablement faite au défendeur d'y être présent.

226. S'il a été ordonné que les minutes seroient apportées, le procès-verbal sera dressé conjointement, tant desdites minutes, que des expéditions arguées de faux, dans les délais ci-dessus : pourra néanmoins le tribunal ordonner, suivant l'exigence des cas, qu'il sera d'a-

FRÉDÉRIC

DE

GUÉRÉHARD.

De l'Imp. de P. NOUHAUD, rue du Petit-
Carreau, Passage de l'Etoile, N.° 32.

FRÉDÉRIC
DE
GUÉRÉHARD,
DUC DE LORRAINE,

PAR E. F. VAREZ,
Auteur du Criminel invisible, etc. etc.

« Les fils dont l'industrieuse araignée
» ourdit sa toile, sont des cables auprès
» des liens qui attachent l'homme au
» bonheur et à la vie; ils se rompent
» au moindre souffle. »

YOUNG, I.ere nuit.

TOME PREMIER.

A PARIS,
Chez M.me MASSON, Libraire et Éditeur de
Musique, rue de l'Échelle-St.-Honoré, N.° 10.

1808.

AVANT-PROPOS.

J'AURAIS pu donner à cet ouvrage le titre de *Roman historique*, je me serais en cela conformé à la mode, et mon livre, de bluette sans conséquence, serait devenu tout-à-coup un ouvrage important, mais j'avoue que je ne conçois pas bien cette dénomination. Je ne vois pas comment ces deux mots peuvent avoir de l'analogie. Le Roman est une fiction plus ou moins agréable, l'histoire est la vérité avec tous ses défauts et toutes ses beautés : or, comment donner au même ouvrage ce double titre ?

Nous devons à une femme célèbre (M.me *de Genlis*) d'avoir

ramené parmi nous ce genre presque oublié, ses talents et ses productions font excuser cette inovation, mais tout le monde n'a point son esprit, ses connaissances, ce tact délicat qui n'appartient qu'à elle; parmi ceux que ses succès tenteraient de suivre la même route, beaucoup pourraient s'égarer et des erreurs en ce genre sont toujours funestes. En effet, nous avons vu des auteurs s'emparer d'un personnage célèbre, l'habiller à leur fantaisie, lui donner un caractère, lui prêter des vertus et des vices qui lui ont toujours été étrangers, et bâtir ainsi une action plus ou moins honorable; le vulgaire qui sur la première page a vu le mot *historique* ajoute foi à tout ce qu'il lit, ne distingue pas le mensonge de la vérité, et se trouve ainsi dans une erreur complette. Tels sont les moindres dangers des romans historiques ; renvoyons à l'histoire ceux qui veulent s'instruire et que le roman, rendu à sa première destination, ne serve plus qu'à distraire un instant, qu'à délasser l'esprit d'études plus pénibles.

Tel fut votre but, joyeux Pigault, sensible Ducray-Duminil; vos charmants romans ont été lus par tout le monde, ont intéressé tout le monde, et cependant, ils ne sont point décorés du titre pompeux d'historique.

Heureux pourtant, lorsque le sujet qu'on traite permet de joindre quelques détails appartenans à l'histoire; mais alors il faut les offrir de manière à ce que la vérité soit bien distincte de la fiction, qu'il soit impossible de les confondre, c'est ce que j'ai essayé; j'ai fait plus; j'ai marqué d'une * tous les passages historiques. Cette indication inutile pour beaucoup de monde sera peut-être agréable aux jeunes gens et particulièrement aux dames.

Je termine en réclamant l'indulgence et en promettant d'écouter les conseils et les avis qu'on voudra bien me donner avec autant de reconnaissance que j'aurai de mépris pour une critique décourageante et souvent inspirée par des motifs de partialité.

Après un grand nombre d'années ce duché échut à Henry de Guéréhard, autant renommé par sa valeur que par ses vertus; sa courtoisie et sa fortune attiraient à sa cour une foule innombrable de chevaliers et de dames, et jamais la demeure des Ducs de Lorraine n'avait été aussi brillante.

Henry avait quarante ans: tout entier à la gloire, il avait regardé l'amour comme une passion indigne d'un guerrier, jamais son cœur n'avait éprouvé les atteintes de ce sentiment délicieux; mais le petit dieu riait en cachette d'une pareille décision, et décidait qu'avant peu il en serait autrement ordonné.

Depuis long-temps le vaillant Guéréhard avait fait annoncer un tournois; le jour arrivé les trompettes se firent entendre, les chevaliers entrèrent dans la lice, et les dames vinrent se placer sur les *hours* ou échafauds préparés pour elles et décorés de leurs couleurs; les combats commencèrent, la lance, l'épée, la hache, le poignard, tout fut employé, et dans chacun de ces exercices, la force, l'adresse et la légèreté furent déployées par les combattans; vint le tour d'Henry qui, en galant chevalier, avait cru devoir faire les honneurs du tournois et laisser combattre avant lui tous les preux qui s'étaient présentés; lorsqu'il entra dans l'arêne, un murmure flateur s'éleva de toutes parts et sembla lui présager la victoire. Il montait un puissant cheval noir, son armure d'acier réfléchissait les rayons du soleil, et son énorme lance, qu'il faisait tourner autour de lui, semblait défier les plus valeureux.

Un chevalier, qui jusqu'alors avait été victorieux, se présenta pour son adversaire; ils prennent du champ et courent l'un sur l'autre. Le choc fut si terrible que leurs lances en furent brisées et volèrent en éclats. Bientôt ils se trouvèrent désarçonnés, et se prenant corps à corps ils se livrèrent un terrible combat: les deux chevaliers, en se défendant, étaient

venus

venus aux pieds des échafauds, la présence des dames semblait animer leur courage; Henry faisait des prodiges de valeur; son armure, brisée de toutes parts, laissait à découvert une grande partie de son corps; son adversaire, réunissant ses forces, leva son cimeterre et lui déchargea un coup terrible sur son *gorgerin*; au même instant un cri d'effroi fut entendu au milieu des dames; ce cri parvenant à l'oreille du Duc ranima son courage, et son redoutable ennemi fut obligé de crier *merci*.

Henry de Guéréhard fut proclamé vainqueur, et à ce titre reçut l'écharpe qui était le prix du tournois; en chevalier courtois il en fit hommage à celui qu'il venait de vaincre; celui-ci, pénétré de reconnaissance, lui jura une amitié éternelle.

De retour au palais, le Duc ordonna, pour le lendemain, un banquet magnifique, auquel il invita toutes les personnes qui étaient à sa cour. Il fit visiter ses blessures, aucune n'étaient dangereuses; on lui ordonna seulement un peu de repos; mais notre guerrier, bravant la fatigue et la douleur, continua de faire les honneurs de la fête.

Il desirait intérieurement connaître la dame qui avait paru s'intéresser si vivement à lui; il prit différentes informations, et sut enfin que la jeune Alexide était celle qui, à l'instant où la mort avait plané sur sa tête, avait poussé un cri arraché par la crainte de le voir succomber.

Soit effet du hasard, soit qu'un sentiment secret se manifestât déjà dans le cœur d'Henry, Alexide se trouva placée près de lui à table. Naturellement Henry lui devait des remercîmens pour l'intérêt qu'elle avait montré pour lui, il chercha l'occasion de lui adresser quelque chose de flatteur, et fut surpris d'éprouver un embarras et une défiance de lui-même qui jusqu'alors lui avaient été inconnus. Alexide voyait son trouble et rougissait.

Heureux tems! heureuse innocence! qu'êtes-vous devenus?

Henry devint un peu plus hardi, Alexide un peu moins timide, et une conversation s'établit entr'eux; aux choses indifférentes succédèrent les propos galans, aux propos galans d'autres plus tendres; enfin, l'instant de se retirer n'était pas encore venu, qu'Henry savait être aimé d'Alexide, et qu'Alexide connaissait l'amour de Guéréhard. Alors la coquetterie était ignorée; point de détours, point de manèges, point de minauderies; on s'aimait, on se le disait, et l'on était heureux! Pourquoi nos dames qui, dans leur toilette, leur parure, ont ramené tant d'usages antiques, ont-elles oublié cette franchise du bon vieux tems?

Alexide, sans être aussi noble que Guéréhard, appartenait cependant à une famille illustre; son père, le baron de St-Pol, jouissait d'une grande réputation d'honneur et de bravoure. Guéréhard l'instruisit des sentimens que sa fille lui faisait éprouver, et la demanda en mariage. Le baron consulta Alexide; il trouva son cœur disposé à écouter les propositions du duc, et dès ce moment leur union fut arrêtée.

Henry enchanté fit faire des préparatifs immenses pour la célébration de son hymen; et quelques tems après, au milieu d'une magnificence rare, il reçut aux pieds des autels la main d'Alexide.

Plusieurs années se passèrent dans l'union la plus parfaite; le duc de Lorraine ne formait plus qu'un vœu, celui de se voir renaître; bientôt un fils lui fut accordé; mais sa naissance coûta la vie à sa mère. Henry arrosa sa tombe des larmes les plus sincères, et sans la présence de ce fils chéri il l'eût suivie au tombeau. Dès ce moment il engendra une mélancolie profonde, et ce guerrier, naguères si beau, si redoutable, ne chercha plus que la solitude et le repos. Il avait fixé sa demeure au château de Lunéville; et là, contemplant une grande partie du tems le portrait de sa chère Alexide, il ne tarissait ses larmes que pour s'occuper de l'éducation de son fils.

La Baronnie de Dompaire faisait partie des états de Guéréhard: dans l'intention de se débarrasser, autant que possible, des travaux multipliés que l'administration de ses vastes états nécessitait, il résolut de confier cette baronnie à un loyal chevalier. Dompaire, à peu de distance de Lunéville, était défendu par un antique château qui jadis avait servi de demeure aux rois d'Austrasie, une quantité considérable de terres dépendait de cette forteresse, et les habitans avaient toujours été comptés au nombre des plus fidèles sujets de Guéréhard.

Le duc avait souvent remarqué à sa cour le vaillant Raoul; une amitié réciproque les unissait. Raoul n'était que brave, la fortune ne lui avait jamais été favorable. Henry se ressouvint de son ancien ami, le fit mander, et exigea de lui des détails sur sa situation. Il apprit qu'il était veuf et père d'une fille en bas âge ; cette conformité de malheurs augmenta l'intérêt qu'Henry lui portait : Raoul ne possédait que peu de patrimoine ; le duc lui confia la baronnie de Dompaire et toutes ses dépendances, à la charge de lui en payer une redevance et de lui rendre hommage comme à son souverain. Raoul témoigna au duc sa profonde reconnaissance, lui prêta le serment d'usage, et s'établit dans la baronnie, dont bientôt il augmenta la valeur par sa manière d'administrer ; il fit venir près de lui son aimable Angela, son cher Aimond qu'il regardait comme son fils, son fidèle écuyer, le brave Thierry ; et, entouré ainsi de ce qu'il avait de plus cher, il fut heureux.

Henry de Guéréhard se trouvant ainsi débarrassé d'une partie de l'administration de ses domaines, par la cession qu'il venait de faire à Raoul, reprit un peu de santé : la chasse, quelques tournois, auxquels il n'assistait plus que comme juge, l'éducation du jeune Frédéric et encore plus le plaisir de faire des heureux, l'aidèrent à passer le reste de ses jours.

CHAPITRE III.

Découverte. — Première entrevue. — Résolution.

Il y avait douze ans que tous ces événemens étaient passés, le baron de Dompaire n'était plus jeune, Angela comptait seize printems et Thierry commençait à radoter. Ce fut alors que la visite nocturne dont nous avons déjà parlé eut lieu : le baron rentré chez lui ne dormit point ; mais chercha à découvrir le secret que ce mystère paraissait envelopper. Depuis long-tems ses idées se promenaient sur mille causes différentes, sans s'arrêter à aucune, lorsque la lumière, qu'il avait apperçue, dans la chambre d'Aimond, se présenta de nouveau à son imagination.

Aimond était un enfant inconnu dont le

le baron s'était trouvé chargé par suite d'une aventure que nous ferons connaître en son tems. Le baron avait pour lui la plus sincère amitié ; Aimond de son côté donnait toutes les satisfactions qu'il est possible d'attendre d'un jeune homme qui n'a pas encore atteint sa vingtième année ; tout en se livrant à l'étude des armes, il savait cependant conserver quelques instans pour les consacrer aux sciences : les arts d'agrémens même ne lui étaient pas étrangers, il dansait avec une noblesse admirable ; il tirait des cordes d'un luth des sons délicieux, et faisait des romances charmantes, en un mot il joignait à tout ce qui caractérise un vaillant chevalier les talens qui distinguent un aimable *trouvère* : ajoutons à cela que sa reconnaissance pour le baron égalait le respect qu'il lui portait.

Le baron soupçonna donc Aimond : toutes les probabilités étaient contre lui. Cependant il eût fallu supposer qu'il aimait Angela, et jamais, jusqu'alors, le baron n'avait apperçu entr'eux une seule marque d'intelligence ; il se promit de le surveiller davantage, et acheva sa nuit.

Le lendemain il fit part à Thierry de ses conjectures. — Parbleu, monsieur le baron, c'est lui. Un luth s'est fait entendre, M. Aimond joue du luth ; une voix a chanté, M. Aimond chante ; une romance bien tendre a frappé mon oreille, et M. Aimond fait des romances : allons, c'est lui, bien certainement. — Alors, pourquoi sortir par la petite porte du parc ? — Dans la crainte d'être rencontré. — Pourquoi monter à cheval et s'éloigner à travers champ ? — Pour ôter tout soupçon sur son compte dans le cas où il aurait été apperçu. — Mais enfin, pourquoi tout ce mystère ? — Ah! pourquoi ? pourquoi ? Demandez à mademoiselle Angela qui sans doute le sait beaucoup mieux que nous. Cette dernière réponse de Thierry avait fait froncer le sourcil au baron qui s'éloigna sans ajouter un mot.

Aimond parut au dîner : sa contenance assurée et son air ouvert déjouèrent toutes les idées du baron. Thierry d'un coin de la salle semblait par ses regards dire à son maître : ne vous y fiez pas ; je vous assure que c'était lui. Le baron qui n'était pas fâché d'avoir deviné juste, lui répondait de la tête : tu as raison ; et Thierry était content.

Quelques jours se passèrent ainsi : les partis s'observaient mutuellement, car il est inutile de feindre plus long-tems, c'était bien Aimond qui avait chanté. Il brûlait de l'amour le plus tendre pour Angela ; mais calculant la distance qu'il y avait entre lui et la fille de son bienfaiteur, il renfermait ses sentimens et se contentait, dans le silence de la nuit de faire entendre, sous les fenêtres de celle qu'il aimait, des romances peignant et son amour et ses peines.

Angela avait deviné Aimond. Fille de seize ans ne se trompe jamais sur les sentimens qu'elle inspire ; elle savait être aimée; et, lorsque passant dans une longue galerie une glace réfléchissait sa taille svelte et bien prise, sa blonde chevelure, ses traits délicats, ses formes agréables, elle ne trouvait pas étonnant qu'Aimond l'aimât; elle aussi ne pouvait se défendre d'un intérêt particulier pour le jeune chevalier. Élevée avec lui, il s'était établi entr'eux une douce familiarité qui les mettant à même de juger de leurs caractères, les avait portés naturellement à un sentiment plus tendre. Angela aimait-elle? c'est ce que je n'ose assurer; mais je dirai seulement que lorsqu'Aimond l'abordait, un sourire gracieux venait se placer sur ses lèvres; qu'elle se parait avec plaisir des fleurs qu'il avait cueillies; qu'elle éprouvait un ennui insurmontable séparée de lui; mais aussi, lorsque retirée dans sa chambre, le silence de la nuit était interrompu par les accens d'Aimond, comme son cœur battait délicieusement! comme son sein était agité! Aimond ne chantait plus, elle écoutait encore. . . . Jeunes beautés pour qui j'écris, décidez : Angela aimait-elle ?

Aimond qui s'était bien apperçu qu'on avait failli le découvrir, suspendit ses visites nocturnes ; il n'eut pas voulu pour tous les trésors du monde qu'une démarche inconséquente pût porter atteinte à l'honneur de sa dame ; mais cette privation d'exprimer librement son amour semblait l'augmenter encore, lui, qui à chaque heure du jour était libre de voir Angela, de rester près d'elle, aurait cependant sacrifié tous ces momens pour un seul passé en silence au pied du donjon qu'elle habitait. . . . . C'est une singulière passion que l'amour ! Il y a deux mille ans que nous nous en mocquons, et tous les jours nous tombons dans ses lacs.

Le baron qui n'appercevait plus rien, et Thierry qui n'entendait plus chanter, commençaient à ne savoir que dire ; il ne s'en fallait que d'un instant que tout rentrât dans l'ordre ; que le baron renonçat à épier les démarches d'Aimond et celles de sa fille, et Thierry à ses rondes nocturnes, lorsqu'un incident vint réveiller les soupçons et exciter de nouveau la surveillance de nos Argus.

En allant et venant dans le parc, Thierry s'était approché des ruines d'un petit pavillon élevé depuis des siècles: quelques morceaux de bois, ruinés par le tems, soutenaient tant bien que mal un reste de toîture. Thierry conçoit le projet d'abattre cet édifice, dont la chûte prochaine peut causer un accident; il saisit une coignée qu'il trouve près de lui, et frappe les soutiens de ce rustique bâtiment. Dès le premier coup, il est couvert d'une quantité de débris: il va en porter un second, lorsqu'il apperçoit au milieu d'eux un petit papier bien plié, bien blanc, portant pour suscription ces mots: *à la plus aimée*. Frappé de cette aventure, il s'empare du mystérieux billet et court vîte le porter au baron. Ah! pour le coup, voilà du nouveau, lui crie-t-il du plus loin qu'il l'apperçoit. —

Qu'est-ce encore ? — Une preuve irrécusable. — Comment? — Oui, aux romances ont succédé des entretiens plus directs : on se lasse de chanter loin de l'objet qu'on aime ; une tendre correspondance offre plus de charmes, au moins on se communique mutuellement sa pensée. — Que veux-tu dire ? — Lisez, lisez, et vous acquerrerez des certitudes sur ce que nous n'avions fait que présumer : en disant ces mots, il avait remis au baron le billet. Le baron surpris se hâta de l'ouvrir, et y lut ces mots :

« *A la plus aimée.* A l'instant où un
» doux crépuscule succédera aux brillans
» rayons du soleil, l'amour et le mystère
» vous attendent dans le bosquet qui fait
» face au château. »

Le baron resta stupéfait ; Thierry, à quelques pas de lui, cherchait à deviner dans ses yeux ce qu'il fallait faire. Après un silence pendant lequel la figure du baron s'était ridée de vingt manières différentes, il replia le billet et ordonna à son écuyer de faire son possible pour le remettre à l'endroit où le hasard le lui avait fait découvrir, et de se tenir à quelques distances afin de voir la personne qui viendrait le prendre; car, malgré le raisonnement de Thierry, la preuve n'était pas aussi convaincante qu'il voulait bien le dire, le billet ne portait pas le nom d'Angela.

Thierry exécuta fidèlement l'ordre du baron. Il retourna au pavillon, le visita avec attention et enfin découvrit la petite cavité qui avait pu recéler le tendre billet; il le replaça de son mieux, et courut se cacher à quelque distance, afin de voir celle qui viendrait le chercher. Bientôt un léger bruit se fait entendre, une jeune personne paraît, c'est Angela. Plus de doute, voilà *la plus aimée*. Elle marche avec précaution : à peine son joli pied laisse-t-il une trace sur le sable : elle approche, se lève sur les pointes, allonge un bras arrondi par les amours, avance la main, saisit le billet, le cache dans son sein et disparaît. Tel l'oiseau craintif qui perché sur une branche vacillante apperçoit un grain de bled sur la terre, s'élance, s'en empare; et, fier de sa proie, retourne prendre sa première place et chante sa victoire.

Thierry qui avait tout vu, retourna bien vîte près du baron pour lui rendre compte du succès de sa démarche: le baron lui ordonna le silence, en lui recommandant de se tenir prêt à le suivre.

Ils ont un singulier langage ces amoureux de romans...! La lettre d'Aimond vient à l'appui de cette assertion: « *à l'instant où un doux crépuscule succédera aux brillans rayons du soleil*, y lisait-on. Un autre aurait dit simplement: à cinq heures, à six heures, etc., au moins le baron aurait su au juste l'heure du rendez-vous; mais point du tout! L'heure du crépuscule l'embarrassait: il craignait d'arriver trop tôt, et par sa présence d'empêcher l'entrevue; d'un autre côté, il craignait encore bien plus d'arriver trop tard ; il ignorait à quel degré l'amour des jeunes gens était porté ; mais il se ressouvenait que, dans un tête-à-tête, un quart-d'heure, cinq minutes, peuvent amener de terribles catastrophes. Thierry, qui jadis avait aimé, consulté sur la question, décida que l'instant du crépuscule était six heures du soir au mois de mars : il avait à cet égard ses tables ; elles étaient aussi infaillibles que celles d'un astronome.

Il est arrivé cet instant qui va décider du sort de nos amans. Aimond après le dîner avait dit qu'il rentrait chez lui pour travailler : Angela trouvait le tems humide, et invitait son père à ne point sortir ; elle lui avait apporté quelques bouquins du siècle pour l'engager à lire, ou plutôt à s'endormir. Ah ! que n'avait-elle à lui offrir les opuscules de M. *Darodes Lillebonne*, le somnifère était certain ; mais malheureusement ce hardi *novateur* n'existait pas, aussi le baron riait-il sous cape de toutes les peines que sa fille se donnait pour l'empêcher de sortir. Angela attendait avec impatience l'instant désiré; enfin l'heure a sonné, le baron feint d'être occupé de sa lecture, Angela sort furtivement et gagne le mystérieux bosquet.

Aimond y était déjà: « ma chère Angela, s'écria-t-il, quel heureux moment pour moi! Combien je craignais que quelques obstacles imprévus empêchassent cette heureuse réunion. — Aimond, ma démarche est inconsidérée, je le sais; mais je me fie à votre honneur; dites: que me voulez-vous et qui peut vous avoir porté à me demander ce rendez-vous? — Le plaisir d'être un instant seul avec vous et de pouvoir vous faire part des sentimens que vous avez fait naître en mon cœur.— Moi? — Eh! quelle autre pourrait mieux que vous allumer tous les feux de l'amour; oui, Angela, c'est vous que j'aime, c'est vous qui régnez sur mon cœur, qui le possédez tout entier; c'est de vous, que dépend mon existence et mon bonheur. »

En disant ces mots, Aimond s'était jetté aux pieds d'Angela, il pressait une de ses mains dans les siennes, et ses regards remplis d'amour semblaient interroger le cœur de celle qu'il aimait; de son côté, la jeune demoiselle n'était pas moins agitée, non que l'aveu que venait de lui faire Aimond l'eût étonnée, mais il fallait répondre; elle hésitait, Aimond devenait plus pressant. Ah! disait-il, vous ne pouvez refuser l'hommage de mon cœur; si c'est pour vous un bonheur d'être aimée. — Et quand je vous dirais que je partage vos sentimens, à quoi cela vous avancerait-il? — A me rendre le plus heureux des hommes. Angela ne se défendait plus que faiblement. Aimond qui commençait à deviner son bonheur trouvait de nouvelles expressions: enfin elle laissa connaître le secret de son cœur, Aimond ivre de joie ne se connaissait plus, il aurait volontiers proclamé son bonheur dans tout le château, il n'était plus aux pieds d'Angela, un siège formé par la nature et couvert de gazon, les recevait tous deux ; il baisait les mains de sa maîtresse, quelquefois ses lèvres brûlantes effleuraient le velouté de ses joues, Angela était trop troublée pour se défendre, peut-être partageait-elle le plaisir qu'elle causait à son amant : le trouble de l'un, l'ivresse de l'autre, auraient pu porter les choses fort loin ; mais le baron parut tout-à-coup suivi de son fidèle Thierry.

La fille de Phorcus ne produisit jamais un effet plus terrible, nos deux amans étaient véritablement de pierres, et le silence eût été éternel si le baron ne l'eût rompu le premier en ordonnant d'un ton sévère de le suivre au château. Là Thierry, à son grand regret, fut congédié, et tout parut se disposer par une scène sérieuse.

Le baron prit la parole : « Aimond, » dit-il, j'ai juré de vous servir de père » et je tiendrai mon serment, déjà vous » avez vu les soins que j'ai pris de votre » enfance, je n'ai rien épargné pour vous » inspirer les vertus qui doivent distin- » guer un brave chevalier ; j'ai tâché d'in-

» culquer, dans votre jeune cœur; l'a-
» mour de la gloire; jusqu'alors, j'aime
» à l'avouer, vous avez répondu à mon
» attente et comblé mon espoir; je pou-
» vais donc, sans trop exiger, atten-
» dre de vous de la reconnaissance, et
» c'est ce moment que vous choisissez
» pour me porter le coup le plus sensible
» en entretenant avec ma fille une corres-
» pondance criminelle; je dis criminelle,
» et vous l'avez senti vous même, puis-
» que vous avez pris tant de soins pour
» m'en dérober la connaissance, vous
» cherchez à faire naître en son cœur des
» sentimens qu'elle ne peut avouer que
» du consentement de son père, qui sait
» même où vous aviez dessein de pousser
» la séduction; et vous, mademoiselle,
» qui jusqu'alors avez trouvé en moi un
» ami plutôt qu'un juge, qui a pu vous
» décider à porter à ma vieillesse un coup
» si sensible? Ne savez-vous pas de quel
» déshonneur se couvre une femme qui
» se livre à la discrétion d'un jeune hom-

» me. Ah! Angela, Aimond, est-ce ainsi » que vous payez ma tendresse pour » vous? »

Il pouvait encore parler long-tems, sans que personne songeât à l'interrompre. Aimond, les yeux baissés, la contenance embarrassée, se tenait près de l'embrasure d'une croisée, Angela versait un torrent de larmes, le baron lui-même était ému. Eh bien, s'écria-t-il, vous ne répondez pas, vos cœurs sont-ils muets, ne trouvez-vous rien pour excuser votre faute, ou reconnaissez-vous l'abîme dans lequel votre inconséquence allait vous plonger? Mon père, dit Aimond, en venant se précipiter aux genoux du baron, punissez-moi; mais ne m'ôtez pas Angela. — Tu l'aimes donc véritablement? — Si je l'aime! Avez-vous pu soupçonner que celui que vous nommez votre fils fût capable de séduction? Ah! cette idée n'est jamais entrée dans mon cœur: j'aime Angela, mais d'un amour pur, vertueux, tel qu'elle peut le faire naître; cet amour est porté au point qu'il m'est impossible de le dissimuler, il embrâse mes sens, il guide mes actions, lui seul peut me porter à la gloire, lui seul a pu me faire oublier un instant ce que je devais à la fille de mon bienfaiteur; mais je prends le ciel à témoin, que mes intentions étaient pures, que je n'avais d'autre but que d'obtenir, de la bouche même de celle que j'aime, l'aveu de mon bonheur : jusqu'alors, Angela avait cru lire dans mon cœur, mes sentimens pour elle; moi-même, j'avais pressenti mon bonheur; mais rien n'avait confirmé ces heureux soupçons. Maintenant j'ai la certitude d'être aimé, je connais votre tendresse pour moi, pour votre fille, et c'est de vous que nous attendons notre félicité.

Angela dans une position suppliante confirmait par ses regards tout ce que venait de dire son amant, le baron, enfoncé dans son grand fauteuil, tournait ses pouces, se frottait le front, et les re-

gardait

gardait tour à tour. Cet instant de silence fut un siècle d'attente pour nos deux amans ; enfin le baron se redressant prononça sa sentence.

« Aimond, votre naissance est inconnue, vous n'avez par conséquent aucune fortune à espérer ; mais vous devez acquérir de la gloire, je vous armerai chevalier, vous irez où la victoire vous attend, et dans deux ans si vous avez été digne de moi, Angela sera votre récompense. Le baron fut pressé, caressé, embrassé, c'était une joie impossible à décrire, elle était cependant moderée par les deux ans d'attente ; mais Aimond ne vit plus que la gloire, et Angela se tranquillisa en pensant que jamais son amant ne se dégraderait par une action déloyale.

Le baron de Dompaire voulant donner à la création du jeune chevalier tout l'éclat dont cette cérémonie était susceptible, leva sur ses vassaux le droit *d'aides chevels* (*) (aides de chevalerie.) et or-

(*) Dans plusieurs circonstances, le seigneur avait le

donna tous les apprêts nécessaires, Angela voulut broder elle-même l'écharpe de son amant, elle trouvait dans cette occupation un charme inexprimable; mais lorsqu'elle venait à penser que cette même écharpe serait peut-être un jour teinte du sang d'Aimond, des larmes obscurcissaient ses beaux yeux et la forçaient d'abandonner son travail.

Un courier avait été envoyé au duc Henry de Guéréhard pour l'inviter à cette cérémonie et obtenir son agrément, Henry répondit affectueusement à ce message, mais il se dispensa du voyage, attendu, disait-il, son âge et ses infirmités; il envoya par la même occasion deux superbes chevaux de ses écuries pour le jeune chevalier et une épée qu'il le priait de porter pour l'amour de lui.

Henry, en rejettant sur son âge l'im-

---

droit de lever sur ses vassaux le droit *d'aides chevels*, 1.° pour armer son fils chevalier, 2.° pour le mariage de sa fille, 3.° pour le prix de sa rançon s'il était fait prisonnier, etc., etc. (Voir mémoire de Ste.-Palaye.)

possibilité de se déplacer, ne disait point la véritable cause de son refus, Frédéric son fils avait atteint l'âge d'Aimond, et des qualités bien opposées s'étaient développées chez lui; fier, violent, emporté, il ne connaissait point de bornes à ses desirs, point d'obstacles à ses volontés: Guéréhard employait inutilement tous les moyens possibles pour calmer ce caractère impétueux; rien n'y faisait. Ce vertueux vieillard tremblait pour la suite, il semblait prévoir les événemens qui devaient arriver, il avait bien présumé qu'en se rendant à l'invitation du baron de Dompaire, Frédéric voudrait le suivre, et il répugnait à produire, en public, un jeune homme dont les mœurs et la conduite étaient aussi blâmables.

Thierry était enchanté de tout ce qui se passait, il voyait le baron content, Angela heureuse et Aimond au comble du bonheur; son amour propre lui répétait sans cesse qu'il était la cause première de tout cela; ajoutez les travaux qu'il était chargé de surveiller : l'ornement de la chapelle, l'emplacement du tournoi, la construction des échafauds pour placer les dames; le soin d'exercer les *varlets* aux fonctions qu'ils auraient à remplir, puis un mot à droite, un mot à gauche, le pauvre Thierry ne savait plus où donner de la tête.

Aimond de son côté se préparait à recevoir sa nouvelle dignité par des jeûnes austères, des nuits passées en prières, des confessions générales; il écoutait attentivement des sermons dans lesquels les principaux articles de la foi et de la morale étaient expliqués: revêtu d'habits blancs, à l'imitation des néophites et accompagné d'un parrain, il reçut les sacremens de la Pénitence et de l'Eucharistie avec une dévotion vraiment exemplaire. Le baron jouissait intérieurement de la résignation qu'il apportait à ces exercices, et se félicitait de sa détermination.

Enfin le jour fixé pour cette cérémonie

arriva. Dès l'aube du jour le son des trompettes se fit entendre : bientôt tout fut en mouvement dans le château. Les personnes invitées à la fête arrivèrent de toutes parts : Angela recevait les étrangers avec une grace et une aménité qui gagnaient tous les cœurs. On se rendit à la chapelle où tout était préparé : le chapelain était à l'autel. Lorsqu'Aimond entra, il présenta son épée que le ministre sanctifia ; puis, venant s'agenouiller sur un riche carreau posé devant le baron, il réclama l'honneur d'être armé chevalier. Après les questions d'usage, le baron lui donna l'*accolée*, en lui frappant trois fois sur l'épaule avec la lame de son épée, et en lui disant : *Au nom de Dieu, de Saint-Michel et de Saint-Georges, je te fais chevalier ; sois preux, hardi et loyal.*

Les chevaliers qui se trouvaient présens s'empressèrent de le revêtir de ses éperons, en commençant par celui de droite, de son hautbert ou cotte de maille, de sa cuirasse, de ses brassards et gantelets; puis, le baron lui ceignit l'épée; ensuite on lui apporta son heaume, son écu et sa lance: Thierry amena à la porte de la chapelle un des chevaux donnés par le duc de Lorraine; Aimond le monta avec grâce et le fit caracoler aux cris mille fois répétés de vive le chevalier Aimond! *

On rentra dans les appartemens où des tables, couvertes abondamment, attendaient les convives. Aimond, pour la première fois se plaça à celle des chevaliers, et Angela fit les honneurs de la table destinée aux dames : des jeux d'échecs, des récits de combats employèrent une partie de la soirée qui fut terminée par un magnifique bal, dans lequel Aimond, par ses grâces, acheva de charmer les assistans.

Le lendemain était destiné pour un

---

* Tous ces usages se pratiquaient strictement pour la réception des chevaliers. On peut consulter à cet égard les charmans ouvrages de Tressan et les mémoires de Sainte-Palaye.

tournoi : le plus beau tems du monde semblait favoriser la fête. Aimond triompha dans toutes les luttes, et ce fut des mains d'Angela qu'il reçut le prix de la valeur. On prit congé du baron, en lui prodiguant les plus grands éloges sur la bravoure et les talens de son élève, et chaque suzerain reprit le chemin de son châtel.

Le baron de Dompaire, en recevant Aimond chevalier, avait rempli sa promesse; ce jeune guerrier devait maintenant acquérir de la gloire, c'était la dot que le baron exigeait.

Philippe-Auguste régnait en France et combattait les forces réunies de ses ennemis. Aimond, libre de choisir le capitaine sous les ordres duquel il ferait ses premières armes, voulut se ranger sous les étendards de ce vaillant monarque; mais avant de le séparer de sa chère Angela, rappelons à la mémoire de nos lecteurs, par un récit rapide, les motifs de cette guerre cruelle.

CHAPITRE IV.

Départ. — Première victoire. — Rencontre.

En 1187 au mois d'octobre, Saladin, roi de Syrie et d'Égypte, après avoir remporté plusieurs victoires sur les Chrétiens, s'était emparé de Jérusalem dont Guy de Lusignan était roi. Cette nouvelle excita les princes chrétiens à une seconde Croisade. Philippe-Auguste et Richard, roi d'Angleterre se réunirent pour cette expédition et arrivèrent devant la ville d'Acre qui se rendit à composition, d'autres victoires suivirent ce premier succès; mais bientôt les maladies et la mésintelligence qui s'établirent entre les deux rois déterminèrent Philippe à repasser en France, emportant contre Richard une haîne qui devait amener

amener des événemens de la plus haute importance.

Dans des tems plus reculés, les prédécesseurs de Philippe avaient laissé usurper, par les rois d'Angleterre, plusieurs provinces appartenantes à la France; Philippe était trop magnanime pour voir ainsi la plus belle partie de son royaume sous la domination d'un prince étranger, qu'il n'aimait pas; il n'attendait qu'une occasion favorable pour la conquérir: une circonstance particulière la lui fournit bientôt.

Richard mourut; Geffroy, son frère, l'avait précédé au tombeau : ce prince, tendrement chéri de Philippe, était mort dans un voyage qu'il avait fait en France, pour venir voir le roi; surpris par une maladie dangereuse à Champeaux, il y avait terminé ses jours, et ses funérailles avaient été faites à l'église Notre-Dame. Artus, duc de Bretagne, son fils, se trouvait naturellement porté au trône par la mort de son père. A ce titre, il avait déjà commencé à faire valoir ses droits; mais Jean, frère cadet de Geffroi, prétendit à la couronne; il s'arma contre son neveu, et, l'ayant surpris dans son lit, lorsqu'il assiégeait Mirebeau en Poitou, il le fit prisonnier et se défit de lui, sans qu'on ait jamais pu savoir ce qu'il était devenu.

Constance, mère d'Artus, implora les secours de Philippe-Auguste pour avoir raison de cet assassinat. Jean fut déclaré convaincu de félonie et de meurtre, et, comme tel, condamné à perdre toutes les terres qu'il avait en France, qui demeurèrent acquises et confisquées au roi. Philippe, en exécution de cet arrêt, s'empara en moins de trois ans de la Normandie, des Comtés d'Anjou, du Maine, de Touraine et d'une grande partie du Poitou. Ces conquêtes le flattèrent d'autant plus, qu'en vengeant un assassinat il avait servi sa haîne particulière et recouvré une grande partie de ses domaines.

Jean, réduit à son royaume d'Angleterre, chercha toutes les occasions possibles de se venger de Philippe; et, après dix ans de soins, il parvint à se liguer contre la France avec l'empereur Othon, Ferrand, comte de Flandres et fils de Sanche I.er, roi de Portugal, et Renaud, comte de Boulogne. *

Philippe instruit à tems fit un appel à tous les braves, et chaque suzerain s'empressa de le rejoindre avec un contingent souvent au-delà de celui qu'il devait fournir.

Henry de Guéréhard, souverain dans ses états, n'avait aucune redevance à remplir; cependant, partisan de la cause que soutenait le roi de France, rempli d'estime pour ce monarque, il eut volontiers été se ranger près de lui; mais son âge l'empêchant de suivre ce premier mouvement, il équipa une troupe d'élite destinée à se joindre à l'armée française, et

* Historique depuis le commencement du chapitre.

nomma, pour la commander, Aimond, le fils adoptif de son vieil ami : cette nouvelle parvint au chateau de Dompaire, quelques jours après que l'élève du baron fut armé chevalier ; elle ne fit que hâter les préparatifs de son départ et enflammer davantage le courage d'Aimond.

Angela aurait eu bien de la peine à supporter cette séparation, sans l'assurance qu'elle avait que son amant se couvrirait de gloire ; elle se représentait l'instant où il reviendrait, précédé de nombreux trophées, déposer à ses pieds le fruit de ses victoires, alors il n'y aurait plus d'obstacles ; alors le baron ne pourrait refuser son consentement ; Angela serait toute entière à son amant, pourrait sans réserve se livrer aux mouvemens de son cœur, et momens de bonheur passés dans les bras de ce qu'on aime dédommagent d'un siècle d'ennui. Telles étaient les idées dont Angela se repaissait ; elles flattaient sa douleur, soutenaient son courage. Hélas ! si elle avait présumé.... mais n'anticipons pas sur les événemens, et continuons de conter.

L'instant est arrivé, la troupe formée par Guéréhard est à Dompaire, une compagnie levée par le baron s'est jointe à elle ; cette petite armée est rangée en bataille sur l'esplanade qui borde le château. Le baron a fait appeler Aimond et Angela : tous trois sont réunis dans la galerie d'honneur, le baron affecte une fermeté qu'il est loin d'avoir, et prenant son élève par la main, il lui dit :

« Mon ami, voici le moment de te con-
» fier les circonstances qui t'ont mis en
» mon pouvoir, et les faibles notions que
» j'ai reçu sur ta naissance ; prête-moi
» toute ton attention.

» Ma famille était fixée à Bar en Cham-
» pagne et y jouissait d'une considération
» qu'elle devait plutôt à sa réputation qu'à
» sa fortune ; comme toi, j'embrassai,
» jeune encore, la carrière des armes ;
» je me distinguai dans différentes affai-
» res. Philippe-Auguste, sous lequel tu

» vas combattre, fut témoin de mes pre-
» mières armes et le Berry de mes pre-
» miers exploits: ce fut à la prise du châ-
» teau de Vierzon que je connus Guéré-
» hard; nous combattîmes ensemble les
» soldats de Richard: un ennemi avait le
» fer levé sur lui, il allait périr, j'eus
» le bonheur de détourner le coup et de
» lui sauver la vie: Guéréhard me jura
» une amitié éternelle; il a tenu son ser-
» ment.

» Quelque tems après, je fus vivement
» épris de la fille d'un de mes supérieurs;
» il ne consulta que mon courage, et,
» sans avoir égard à mon peu de for-
» tune, il m'accorda celle que j'aimais.
» Retirés ensemble, nous passions des
» jours sans nuage au milieu d'une féli-
» cité parfaite; mais l'envie de procurer
» à mon épouse un sort plus heureux,
» me fit entreprendre un voyage en
» Champagne pour recueillir les débris
» de la succession de ma famille, dont
» j'avais appris l'extinction. Je partis,

» confiant ma femme au soin de person-
» nes dont l'amitié m'était le garant des
» égards qu'elles auraient pour elle ; ar-
» rivé dans mon pays natal, je m'em-
» pressai de terminer toutes mes affaires :
» la présence des lieux où mon père et
» ma mère avaient existé, rappelait à
» mon esprit de trop tristes pensées
» pour me permettre d'y faire un long
» séjour.

» La veille de mon départ, je venais
» de visiter les environs : accablé par la
» chaleur, excédé de fatigue, je me re-
posai sur les bords de l'Aube, lieu té-
» moin des jeux de mon enfance ; le som-
» meil me surprit : à mon réveil, la nuit
» avait succédé aux brillans éclats du
» jour ; surpris d'avoir reposé si long-
» tems, je me levai ; mais quel fût mon
» étonnement de trouver près de moi un
» enfant ! Je l'examinai, et trouvai un pa-
» pier attaché après les riches langes qui
» l'enveloppaient ; j'y lus ces mots : *Au*
» *nom de l'humanité, prenez soin de*

» *cet infortuné, et disparaissez avec*
» *lui, si vous ne voulez sa mort.*

» Je pressai dans mes bras cette in-
» nocente créature : présumant que cet
» enfant était le fruit d'un moment d'er-
» reur et ne voulant faire aucune recher-
» che dans la crainte d'éveiller le soup-
» çon et d'être la cause, ainsi qu'on me
» l'annonçait, de sa perte, je le pris
» avec moi, d'ailleurs mon départ, ainsi
» que je vous l'ai dit, était arrêté pour
» le lendemain, mon épouse comptait
» les jours de mon absence, il m'était
» impossible de séjourner plus long-tems.
» Je partis donc, emportant avec moi cet
» orphelin et jurant de lui tenir lieu de
» père ; ma femme partagea mes senti-
» mens pour lui, et nos soins réunis éle-
» vèrent tes premières années.

» Quelque tems après je reçus le titre
» de père. La naissance de mon Angela
» augmenta mon bonheur, et alors je
» devais goûter une félicité parfaite ; mais
» hélas ! le sort me priva bientôt d'une

» épouse chérie ! les lieux témoins de » mon bonheur devinrent affreux pour » moi ; ils me rappelaient le souvenir » d'une femme adorée et m'arrachaient » sans cesse de nouvelles larmes : je les » abandonnai ; et, me rappelant l'amitié » de Guéréhard, je vins me fixer à sa » cour et y chercher une distraction à » ma douleur : je me devais a ma fille, » à cet orphelin à qui je servais de père ; » ces motifs seuls purent distraire ma » mélancolie.

» Je ne fus point trompé dans mon » espoir : Guéréhard m'accueillit avec » empressement et me combla de mar- » ques d'estime : je fus témoin de son » union avec la belle Alexide et de la » mort de cette épouse vertueuse. Tout » entier à sa douleur, Guéréhard ne pou- » vait supporter le fardeau d'une vaste » administration ; il me confia la baron- » nie de Dompaire, je vins m'y fixer ; » et, consacrant à l'éducation de ma fille » et de celui que je regardais comme

» mon fils tout le tems que mes nou-
» velles fonctions me laissaient de libre,
» je parvins à donner à Angela quelques-
» unes des qualités de sa vertueuse mère,
» et à inspirer à Aimond l'amour de la
» gloire et la pratique des vertus.

» Voilà, mon cher Aimond, ton
» histoire, tels sont les renseignemens
» que je puis te donner sur ta naissance;
» je trouvai encore sur toi un écrit in-
» diquant le nom que tu portais, et une
» médaille que j'ai précieusement con-
» servée : là, se bornent tous tes titres.
» Sois brave, courageux, impétueux
» même, ce défaut convient à ton âge;
» méprise les lâches, combats les braves
» et obéis à tes chefs, bientôt tu auras
» acquis de la renommée les titres que
» le sort t'a refusé; supportes l'adver-
» sité avec courage; mais ne survis point
» à une action déshonorante; si jamais
» un motif quelconque pouvait te porter
» à l'oubli de tes devoirs, regardes cette
» médaille que je te remets, et dis-toi :

» elle a peut-être appartenu à mon père ; » peut-être fut-elle témoin des plus glo- » rieux exploits ? ne dégradons pas son » origine ».

Aimond baisa respectueusement cette médaille et la plaça sur son sein ; Angela émue atteignit une tresse de ses cheveux : que l'amitié ait aussi un pouvoir sur vous ; que cette tresse de cheveux vous rappelle qu'une épouse, qu'une amie, ne peut espérer son bonheur que de votre bravoure et de votre fidélité. Aimond se jetta aux genoux d'Angela et du baron : ah ! mon père, s'écria-t-il, que j'emporte avec moi le titre de son époux. Oui, dit le baron, je vous unis ; et si la destinée met un terme à mes jours avant ton retour, je vous autorise à ratifier aux pieds des autels les nœuds que je bénis aujourd'hui. Aimond voulait répliquer ; le baron l'interrompit : c'est assez. Tes vœux sont remplis, songes maintenant à te rendre digne de ton épouse. Aimond se précipita dans les bras du baron, embrassa

Angela, et tous trois descendirent dans les cours.

A peine avaient-ils fait quelques pas, qu'ils rencontrèrent Thierry, armé et équipé comme dans son jeune âge. — Où vas-tu donc, lui demanda le baron? — Je pars. — Comment? — Sans doute : M. Aimond ne va-t-il pas à l'armée? Malgré toute la fermeté que vous montrez, n'allez-vous pas être inquiet de lui? A chaque récit de bataille, mademoiselle Angela ne s'imaginera-t-elle pas qu'un coup de lance ou de masse aura frappé celui qu'elle aime? De son côté, M. Aimond aura-t-il des couriers à vous expédier à chaque escarmouche? Eh bien! je serai là, moi; et tant que vous ne me verrez pas revenir, soyez tranquille; c'est qu'il ne lui sera rien arrivé; mais aura-t-il reçu une blessure dangereuse? j'accours vous en prévenir. Aura-t-il remporté une victoire? vous en aurez la nouvelle que les ennemis n'auront pas encore eu le tems d'enterrer leurs morts. —

Brave Thierry ! mais ton âge ? — Eh ! qu'importe l'âge, quand il s'agit de servir son maître ! J'aime encore mieux mourir au milieu d'un camp que dans une citadelle où je ne suis bon à rien. Angela serra la main de Thierry, et par ses regards lui témoigna combien elle lui était obligée de son dévouement ; Aimond, d'après le consentement du baron, l'accepta pour écuyer, et tous deux montèrent à cheval et partirent à la tête de la troupe, aux cris mille fois répétés par tous les villageois, de vive le baron de Dompaire, vive le chevalier Aimond, vive mademoiselle Angela.

Lorsqu'Aimond s'éloigna du château, sa fermeté l'abandonna quelques instans ; c'est alors que la présence de Thierry lui fut d'un grand secours. — Eh bien ! qu'est-ce ? lui dit ce brave homme ; vous regardez si vous appercevez encore les tourelles du château de Dompaire ; oui, sans doute on les voit : tenez, regardez au bout de cette avenue, il me semble voir mademoiselle Angela vous exciter à bannir toute tristesse et à ne songer qu'à la gloire ; tenez ! tenez ! au défaut de cette hauteur, on voit en plein le toît de la galerie dans laquelle le baron vous a ce matin uni à sa fille ; ce ne sera pas inutiment, morbleu ! et j'espère bien qu'avant peu vous serez digne d'elle. C'est ainsi que Thierry, tout en entretenant Aimond de ce qu'il avait de plus cher, détournait le motif de sa douleur et augmentait son courage.

La troupe marchait en bon ordre ; les braves qui la composaient, loin de se sentir humiliés d'être commandés par un jeune homme qui faisait son entrée dans la carrière des armes, ne voyaient dans sa jeunesse qu'un gage certain de son intrépidité : un secret pressentiment semblait leur dire que, sous sa conduite, ils seraient victorieux.

Bientôt ils entrèrent dans Lunéville. Guéréhard et le jeune Frédéric son fils, suivis de tous les chevaliers qui se trouvaient à la cour, vinrent au devant d'eux : Aimond mit pied à terre et s'avança jusqu'au Duc, devant lequel il s'inclina. Guéréhard le releva avec bonté, le fit placer à ses côtés ; et, au son des instrumens, nos guerriers entrèrent dans la ville, où des fêtes de tous genres les attendaient.

Aimond, pour la première fois, se trouvait au milieu d'une cour nombreuse : son ame candide ignorait l'art de plaire ; franc comme l'enfant de la nature, il s'exprimait avec liberté, et son cœur naïf n'éprouvait qu'un besoin celui de trouver un ami. Le jeune Frédéric, à-peu-près de son âge, semblait naturellement destiné à remplir ce personnage. Aimond, sans songer au rang du jeune duc, fit les avances et lui témoigna le desir d'une liaison intime ; mais Frédéric, loin de répondre aux amitiés d'Aimond, le reçut avec cet air froid et réservé qui caractérise si bien l'homme fier de sa noblesse ; il ne vit dans Aimond que l'enfant adoptif du vassal de son père, et crut qu'il était de sa dignité de n'accorder au nouveau chevalier que quelques marques de cette amitié protectrice qui humilie, bien plus qu'elle n'honore, celui qui en est l'objet. Aimond désespéré de voir détruire ainsi le projet qu'il s'était plu à former, fut vivement affecté ; il rejeta sur l'obscurité de sa naissance le froid accueil de Frédéric, et, pour la première fois, versa des larmes et rougit de lui-même. Pardonnons-lui cette faiblesse, elle est excusable ; à Dompaire, il n'avait trouvé que des personnes empressées de lui plaire, et, dès ses premiers pas dans le monde, il éprouvait une humiliation sensible pour son cœur : il eut difficilement oublié cet outrage ; mais notre vieil écuyer qui était attentif à tout ranima son courage. — Comment, Monsieur, lui dit-il, avec cette énergie qui lui était familière et qui faisait excuser sa franchise, vous prendrez de la tristesse, parce qu'il plaît à un jeune homme de vous faire sentir la différence

que

que le hasard a mis entre vous et lui? allons donc! cette faiblesse est indigne d'un guerrier ; vous n'êtes qu'un simple chevalier, Frédéric est fils d'un duc ; c'est la destinée !... Eh parbleu ! croyez-vous que si j'eusse été le maître de choisir, je n'aurais pas préféré naître le fils d'un roi? alors j'aurais morigéné monsieur le Duc ; ce n'est point la naissance qui fait la vraie noblesse, c'est le courage, et à ce titre, je vous tiens dix fois plus noble que lui ; il ne vous honore pas de son amitié ? eh bien ! tant pis pour lui, s'il ne sait pas ce qu'il fait, et s'il se plaît à se dégrader lui-même aux yeux des gens qui réfléchissent, un jour viendra peut-être où il s'honorera d'avoir possédé, à sa cour, le brave Aimond : vous êtes chevalier, cela peut vous conduire à devenir un général fameux ; il est fils de Duc, cela peut le mener à se caserner dans un vieux château, et à manger un morceau de pain dur, en regardant les portraits de ses ancêtres. Eh ! mon Dieu, je vous le répète, la destinée!.... Mais ce qu'il ne faut pas faire, c'est de vous laisser abbattre ainsi que vous le faites ; reprenez votre gaîté, votre belle humeur ; et, morbleu, mocquez-vous de toutes ces petitesses ; montrez à ces nobles, fiers de leurs titres, votre lance et votre épée, et dites-leur : cela me conduira diablement loin.

Si la morale de Thierry n'était pas toujours juste, au moins était-elle persuasive ; aussi fit-elle sur Aimond l'effet qu'il en attendait, il reprit sa gaîté et charma toute la cour autant par son esprit que par ses manières affables. Guérébard ne pensait pas comme son fils : les qualités d'Aimond n'échappaient pas à sa pénétration ; il l'aimait véritablement, et concevait de lui les plus hautes espérances. Combien il se serait trouvé heureux, si la présence du jeune chevalier avait pu inspirer à Frédéric l'amour de la gloire! avec quel plaisir il l'eut confié à Aimond! mais il ne pouvait espérer cette satisfaction ; Frédéric, ainsi que nous l'avons dit, ne songeait rien moins qu'à s'illustrer. Fier de ses titres, il ne semblait les connaître que pour en abuser : des débauches et des excès de tous genres étaient ses amusemens favoris : extrême dans ses passions, il ne connaissait point de frein à ses desirs. Combien de fois n'avait-il pas porté la honte et le déshonneur dans la cabane du laboureur ! que de jeunes victimes immolées à la brutalité de ses passions ! Guérébard gémissait sur les déréglemens de son fils : la prière, la menace n'avaient point de pouvoir sur son cœur ; mais, hélas ! sa voix paternelle n'était point écoutée ; ses larmes mêmes étaient sans effet : ce vertueux vieillard avait donc bien des raisons pour desirer le départ de Frédéric ; le tumulte des camps, les dangers de la guerre, la subordination auraient peut-être apporté quelques changemens sur son cœur ; mais Frédéric chérissait trop la vie voluptueuse qu'il menait, pour y renoncer.

Les nouvelles venues de France accélérèrent la marche de la petite troupe. Guéréhard donna à Aimond ses dernières instructions, lui recommanda, comme le baron, d'être courageux et brave, et donna le signal du départ : Frédéric éprouva un secret plaisir à voir s'éloigner celui qu'on pouvait à chaque instant lui offrir pour modèle et dont la présence amenait des comparaisons qui n'étaient pas toujours à son avantage.

Les hostilités avaient commencé en Anjou; mais Jean ne trouvant pas la position favorable se retira avec son armée, et ce fut dans les environs de Lille, Tournay, Douay, etc., que les armées se concentrèrent ; c'est de ce côté qu'Aimond dirigea sa troupe.

Philippe-Auguste était campé sous les murs de Tournay, et déjà quelques succès avaient été obtenus par ses troupes : chaque jour de nouveaux contingens arrivaient au camp, et, en renforçant l'armée, augmentaient le courage du soldat.

Bientôt la bannière d'Aimond est aperçue dans la plaine : des cris de joie frappent les airs : les chevaliers montent à cheval, Philippe lui-même veut marcher au devant de la troupe qui se présente ; il n'en a pas le tems, Aimond est déjà aux barrières du camp, et a déclaré que c'est de la part du duc de Lorraine. On livre le passage, et bientôt cinq cents hommes supérieurement équipés défilent devant le roi. Aimond s'approche, présente une lettre de son souverain, et se retire à une respectueuse distance. Philippe lit le message et paraît satisfait : Guéréhard était connu de lui, il avait combattu à ses côtés, et acquis de la gloire ; Guéréhard pouvait donc agir envers Philippe avec cette franchise commune aux héros, aussi sa lettre était-elle d'un laconisme rare, il écrivait :

SIRE,

« Vous avez besoin de soldats pour » défendre vos droits, je vous envoye

» cinq cents braves qui mourront plutôt
» que de fuir.

» Ils sont commandés par le jeune
» Aimond qui les conduira à la victoire :
» je l'estime, et avant peu vous aurez
» pour lui les mêmes sentimens.

HENRY DE GUÉRÉHARD,
Duc de Lorraine.

Philippe tendit la main au jeune chevalier et la serra affectueusement. Thierry à quelques pas examinait cette scène, et de grosses larmes tombaient sur sa cuirasse.

La troupe de Guéréhard prit ses quartiers : Aimond, suivi de Thierry, accompagna le roi dans sa tente. Philippe le présenta aux généraux présens. « Messieurs, leur dit-il, voici un jeune » homme que Guéréhard estime et dont » il paraît avoir la meilleure opinion ; » mettez-le à même à la première occa» sion de la justifier. » Ensuite il entra avec bonté dans quelques détails sur la situation de Guéréhard, puis sur celle du baron; il encouragea Aimond, lui donna de sages conseils et lui permit de se retirer.

Tout était nouveau pour notre jeune capitaine; chaque chose attirait son attention. Thierry était accablé de questions: il y répondait tant bien que mal, et lorsqu'Aimond en faisait de trop embarrassantes, Thierry s'en tirait en répondant que tout cela n'existait pas de son tems.

Les Lorrains avaient pris la place qui leur était destinée: Aimond les examina avec la plus scrupuleuse attention, et, pour la première fois, se retira pour passer la nuit sous une tente; mais, sans lui donner le tems de faire aucune réflexion décourageante, Thierry lui rappela le tems où il venait chanter sous les fenêtres d'Angela. Lorsqu'on brave, ajouta-t-il, l'humidité des nuits pour chanter sous les croisées d'une femme avec laquelle on passe tous les instans de la journée, on doit supporter avec courage les nuits passées au champ d'honneur.

Plusieurs jours s'écoulèrent pendant lesquels Aimond exerça sa troupe aux manœuvres militaires ; il brûlait du desir de la conduire au combat : bientôt il se présenta une occasion favorable.

Le Sire de Beaumanoir, à la tête d'un petit corps de troupes, était chargé de protéger les convois de vivres qui arrivaient au camp et que les ennemis harcelaient sans cesse. Au milieu de la nuit, au moment où Aimond visitait ses postes, on entend, dans le lointain, des cris ; bientôt un cavalier, couvert de sueur, arrive et annonce que le duc de Boulogne, à la tête d'un fort détachement, est près d'enlever à Beaumanoir un riche convoi. Aussitôt Aimond saute à cheval, Thierry parcourt le quartier en criant aux armes : en moins d'un instant les Lorrains sont sur pied. « Braves amis, s'écrie Aimond, c'est aujourd'hui que nous allons nous faire connaître. » Il dit et part comme un un trait. Déjà les ennemis trois fois plus nombreux s'étaient emparé d'une partie des chariots : Beaumanoir, après des prodiges de valeur, allait tomber sous leurs coups ; Aimond arrive, ses Lorrains renversent tout ce qui se trouve sur leur passage, et font un massacre effrayant. Aimond court droit à Beaumanoir, l'arrache du milieu des ennemis qui l'entouraient, et fait mordre la poussière à plusieurs d'entr'eux. Pendant ce tems ses soldats ont repris le convoi, et mis en déroute complette ceux qui cherchaient à le défendre encore : Thierry, oubliant son âge, a fait des merveilles ; enfin, à peine le jour commençait-il à poindre que les vivres entraient au camp, ainsi qu'un assez grand nombre de prisonniers. Philippe-Auguste félicita Aimond de cette première victoire, et donna à sa troupe les éloges qu'elle méritait ; mais rien n'égala la reconnaissance de Beaumanoir : il n'est point de remercîmens, de marques d'estime qu'il ne donna au jeune chevalier. Sans vous, lui disait-il, mes efforts eussent été impuissans ; je tombais entre les mains de l'ennemi, et mes soldats périssaient tous. Avec quel courage ne vous élançâtes-vous pas au milieu d'eux ! avec quelle adresse ne me dégageâtes-vous pas des fers croisés sur ma tête et prêts à me frapper ! Méprisant le danger, vingt fois je vous ai vu affronter la mort pour me sauver la vie ; peu s'en est fallu que le duc de Boulogne lui-même ne tombât sous vos coups. Aussi, jeune homme, voyez en moi votre sincère ami et celui qui fait les vœux les plus constans pour votre gloire.

Sans doute ces paroles, prononcées par un chevalier aussi renommé que Beaumanoir, par un homme qui possédait l'estime de son roi et l'amour des troupes, étaient flatteuses pour notre héros, aussi lui était-il difficile de se défendre d'un peu d'orgueil en les écoutant ; mais combien sa vanité se serait trouvé flattée, si Angela avait été présente à cet entretien! c'est alors qu'il eut réellement été récompensé. On est si heureux d'obtenir des succès aux yeux de ce qu'on aime! le moindre mot flatteur, la moindre distinction obtenue en sa présence sont autant de triomphes : les yeux fixés sur elle, on cherche à deviner la sensation qu'elle éprouve, et si un léger incarnat vient se répandre sur sa figure, si un doux sourire se joue sur ses lèvres, si son sein est agité, ah! c'est alors qu'on est heureux!

Thierry, fidèle à sa promesse, voulait partir pour Dompaire, Aimond s'y opposait faiblement, il avait même déjà tracé un billet annonçant sa victoire; mais il craignait de mettre trop d'importance à ce qui réellement n'était qu'une simple escarmouche. Il était irrésolu, lorsque Philippe le fit demander. Aimond, lui dit-il, j'expédie un courier à Guéréhard: je veux qu'il sache que son attente n'a point été trompée, et que vous avez rempli son espoir : n'avez-vous rien à dire au baron de Dompaire ? Aimond rougit. Parlez, continua le roi, le même courier s'en rendra porteur. Aimond tira de son sein le billet ; il le roulait entre ses doigts, en disant : Sire, j'avais bien tracé quelques lignes ; mais je crains..... d'ailleurs, l'affaire dans laquelle j'ai eu le bonheur de faire triompher les armes de votre majesté n'est pas assez importante.... Que dites-vous, reprit vivement le roi ? comptez-vous pour rien d'avoir assuré pour quatre jours les vivres de soixante mille hommes, d'avoir sauvé la vie au plus brave de mes généraux ? — Sire, mes soldats ont vaincu. — Et vous les commandiez ; voyons votre billet ? A ces mots, l'embarras d'Aimond augmenta : jusqu'alors son amour était ignoré, et la lecture du billet allait découvrir ce secret ; il écrivait plutôt en amant qu'en guerrier, mais il n'y avait pas à reculer ; il fallait obéir et livrer la lettre. Philippe la lut avec attention. Aimond, à quelques pas, cherchait à deviner dans les yeux du souverain la conduite qu'il devait tenir. — Ah! ah! vous ne m'aviez point dit que le baron eût une fille ?.... puis il continua, sans attendre de réponse ; quelques lignes plus loin il s'interrompit encore. — Et vous aimez cette Angela ? — Sire..... — Tant mieux, l'amour enfante des héros. Puis il acheva la lettre, ensuite regardant Aimond. — Mais vous ne parlez que de vos troupes, et point du tout de vous? j'aime cette modestie ; mais permettez-moi d'ajouter un mot pour la belle Angela. Il prit la plume et écrivit au bas de la lettre :

« Aimond a fait des prodiges de va-
» leur, sauvé la vie à Beaumanoir, tué
» de sa main plusieurs ennemis, et je lui
» ai confié le commandement d'une di-
» vision de l'armée. »

Signé PHILIPPE.

Ah! sire, s'écria Aimond, comment reconnaître.... — Il faut bien que je parle de vous, puisque vous ne parlez que de vos soldats. — Croyez que ma reconnaissance..... — Point de remercîmens ; c'est à la première affaire que vous me prouverez que vous êtes digne de mon choix. Le courier va partir : retournez à votre quartier, et prenez connaissance des nouveaux bataillons que je vous confie ; en disant ces mots, Philippe s'éloigna.

Aimond, au comble de la joie, conta son bonheur à Thierry sans en oublier la moindre particularité. Tout est précieux de la part d'un héros, et Philippe dans les plaines de la Normandie, de la Touraine et du Poitou avait prouvé qu'il méritait ce titre. Thierry fut pour le moins aussi joyeux que son maître ; il ne regrettait que de n'être pas chargé d'un message aussi flatteur ; mais la nouvelle dignité d'Aimond lui faisait passer sur cette contrariété. — Vous rappelez-vous, disait-il, ce jeune duc qui voulait vous humilier et vous faire sentir la différence de votre naissance à la sienne ? qu'il vienne donc maintenant, morbleu ! qu'il vienne, et je lui dirai : le voilà ce jeune aventurier que vous avez dédaigné, humilié, le voilà à la tête d'une division et de cinq cents Lorrains, qui ont déjà vaincu sous ses ordres; il n'a pas vingt deux ans, et le Roi l'honore déjà de son estime, et les vieux guerriers lui tendent la main en souriant: voyez-le et frémissez de rage. Le bon Thierry en voulait terriblement à ce pauvre Frédéric, et nous aurons encore plus d'une fois l'occasion de nous appercevoir qu'il lui gardait rancune.

Aimond les jours suivans passa la revue de ses nouvelles troupes, et, par son aménité, gagna tous les cœurs; il accueillit les officiers avec distinction: c'est en m'entourant de vos conseils, en profitant de vos avis, disait-il à ceux qui avaient blanchi sous les armes, que je mériterai l'honneur de vous commander. Il fit quelques promotions, ordonna de nouvelles dispositions et porta partout cette connaissance des choses qui distinguent le grand capitaine.

Le jeune St.-Géran se faisait remarquer de tous ses camarades par la profonde mélancolie et l'air de douleur empreint sur tous ses traits : à la tête des troupes fournies par la comtesse de Bar, cette qualité le faisait jouir au camp d'une considération flatteuse ; on lui prodiguait à l'envi des marques d'estime et d'intérêt auxquelles il paraissait extrêmement sensible, mais qui ne détruisaient en rien son chagrin.

Il venait de passer ainsi que sa compagnie sous le commandement d'Aimond. Le nouveau général avait souvent entendu parler de St.-Géran : il le vit et le trouva tel qu'on le lui avait dépeint, sombre, rêveur, soupirant sans cesse et paraissant livré tout entier à un sentiment pénible : Aimond conçut l'espoir d'obtenir sa confiance. En effet, son air ouvert, ses manières affables, plus encore la conformité des âges semblaient rendre probable cette union : St.-Géran parut sensible aux amitiés de son chef ;

mais il fut réservé et ne laissa rien transpirer en état d'indiquer les motifs de sa douleur.

Pour plusieurs raisons, Aimond eut desiré trouver St.-Géran plus confiant: il se sentait naturellement porté vers lui, et son imagination lui présentait mille charmes dans l'amitié de ce jeune homme. L'armée des confédérés était de cent cinquante mille hommes, celle de Philippe ne montait pas au-delà de soixante mille; il eut donc été imprudent d'attaquer. Le roi attendait de nouveaux renforts, et, jusqu'à leur arrivée, l'armée était en repos; quelques petits combats aux avant-postes, quelques prisonniers, là, se bornaient les travaux militaires. Aimond eut donc été bien heureux dans ces momens d'inaction d'avoir un ami dans le sein duquel il pût déposer ses secrets, auquel il pût faire partager ses plaisirs et ses peines, sa gloire et ses dangers; il redoubla d'instances, et parvint enfin à son but. St.-Géran ne put résister aux pressantes sollicitations d'Aimond, et, cédant aux mouvemens de son cœur, il rejetta toute contrainte et s'élança dans les bras de son ami : dès-lors ils furent inséparables. Tous les officiers applaudirent à cette union, et dès ce moment la douleur de St.-Géran parut soulagée.

C'est lorsque tout était tranquille au camp que nos deux amis réunis sous la même tente, goûtaient ensemble les douceurs d'une tendre intimité ; c'est dans une de ces conférences que St.-Géran, pressé vivement par son ami laissa échapper son secret, en arrosant son récit de ses larmes. Essayons de faire passer dans l'ame de nos lecteurs l'émotion qu'Aimond éprouva ; les malheurs de St.-Géran ont d'ailleurs un rapport trop direct avec les événemens qui vont suivre, pour que nous ne nous hâtions pas de les faire connaître.

CHAPITRE V.

Histoire de St.-Géran.

MATHILDE, comtesse de Bar-sur-Aube, avait perdu son époux depuis bien des années, et ses larmes coulaient encore! Restée avec sa fille, rien ne pouvait distraire sa douleur, la présence même de son Amélie, en lui rappelant les traits chéris du Comte, semblait l'augmenter.

Le comte de Bar n'était pas le seul objet de ses larmes; un fils, premier fruit de son hymen et qu'elle chérissait tendrement, lui avait été enlevé, sans qu'on ait jamais pu savoir ce qu'il était devenu; toutes les recherches à cet égard furent infructueuses : la comtesse n'en recueillit que la certitude de son malheur, et bientôt la mort de son époux vint mettre le comble à ses maux.

Le chevalier de St.-Géran, mon père, habite un vaste château à Vassy *; c'est-là que je reçus le jour; c'est-là que la plus tendre mère éleva mon enfance. Mon père connaissait les malheurs de la comtesse; rempli d'estime et d'admiration pour ses vertus, il avait respecté sa douleur; mais apprenant qu'un aussi long espace n'avait pu la diminuer, il résolut de chercher les moyens de dissiper cette mélancolie; et, à cet effet, il partit pour Bar.

Il fut reçu de la comtesse avec tous les égards et les marques d'estime imaginables, invité à demeurer plusieurs jours au château, et comblé d'amitié de la part de la jeune Amélie.

M. de St.-Géran crut devoir souscrire à l'invitation de Mathilde, d'autant plus

---

* Vassy sur la Blaise, à 8 lieues de Bar.

que cette soumission de sa part la mettait dans l'impossibilité de se refuser à ce qu'il se proposait de lui demander.

Après quelque tems de séjour, mon père se disposa à prendre congé de Mathilde ; mais, en la remerciant de sa généreuse hospitalité, il l'invita à venir passer la belle saison à Vassy. — Quittez pour quelque tems, lui dit-il, ces lieux qui vous rappellent sans cesse des objets chéris ; venez honorer ma demeure de votre présence, et ne doutez pas des soins que je prendrai pour vous la rendre agréable : il n'y a que ce moyen de dissiper votre douleur. Vous vous devez à votre fille, à un fils qui peut-être existe encore, puisque rien ne constate sa mort, à vos nombreux sujets dont jusqu'à ce moment vous avez fait le bonheur ; venez, madame, venez, près de mon épouse, chercher les consolations de l'amitié.

Mathilde ne put résister aux pressantes sollicitations de mon père : la jeune Amélie joignit ses prières, et enfin la comtesse donna son consentement.

Un courier, expédié par mon père, apporta cette nouvelle ; toutes les dispositions nécessaires furent faites, et trois jours après la comtesse arriva au château accompagnée d'Amélie et d'une suite nombreuse. Tous les habitans de Vassy avaient couru au-devant d'elle ; des chiffres, des emblêmes élevés sur son passage, attestaient l'amour de ses sujets : des cris d'allégresse s'élevèrent de toutes parts, et causèrent à Mathilde l'émotion la plus vive.

Ma mère et moi, suivis de tous nos domestiques, allâmes à sa rencontre : ce fut à *Montirander* que se fit l'entrevue. Madame de St.-Géran se plaça près de Mathilde, et, après l'avoir saluée, je m'approchai d'Amélie : quelle me parut belle ! quels sentimens sa vue fit naître en mon cœur ! Je restai un instant interdit : un trouble involontaire me privait de l'usage de la parole ; je voulais parler, les mots expiraient sur mes lèvres; heureusement que mon père s'approcha de de nous, et prenant la parole. — Voulez-vous me permettre, mademoiselle, de vous présenter mon fils; c'est un enfant auquel il manque bien des qualités pour en faire quelque chose; près de vous, on peut les acquérir toutes; veuillez donc être son gouverneur, je le remets entre vos mains. — Chevalier, répondit Amélie en rougissant, j'ai bien peur qu'il n'y ait une fausse modestie de votre part, et que l'écolier soit plus savant que le maître; dans tous les cas, j'accepte la commission que vous me donnez, et monsieur votre fils est certain d'apprendre près de moi à vous aimer, à vous respecter. Mon père s'inclina profondément; j'en fis autant, et, plaçant mon cheval près celui d'Amélie, nous continuâmes la route.

Je ne vous ferai pas la description des fêtes nombreuses et brillantes que mon père donna à Mathilde, du goût qui les dirigeait, de l'ordre et de la magnificence qui y régnaient; elles n'auraient point eu de bornes, si la comtesse n'eut déclaré qu'elle ne voulait pas que mon père fît de nouvelles dépenses, et que si sa présence lui était agréable, le seul moyen de lui faire prolonger son séjour était de cesser tout cérémonial et de reprendre la vie uniforme et tranquille que son arrivée avait interrompue. M. de St.-Géran obéit, et tout rentra dans l'ordre ordinaire au château.

J'étais toujours près d'Amélie: compagnon assidu de ses promenades, de ses lectures, de ses travaux, j'étais partout avec elle; je ne la quittais pas; elle paraissait flattée de mon assiduité, et les marques d'amitié qu'elle me donnait augmentaient encore ce que j'éprouvais pour elle : c'était de l'amour ! de l'amour brûlant, tel que ce sentiment se fait connaître la première fois qu'il se manifeste dans un cœur. Amélie par sa confiance en moi, son amabilité, l'alimentait encore; je ne vivais

vivais que pour elle : lui plaire était mon seul but.

Ce fut au milieu d'une des fêtes que mon père donna à la comtesse que je me hazardai à lui faire l'aveu de ma passion: tremblant à chaque mot, je ne savais quel langage tenir; Amélie vit mon trouble et devina le secret de mon cœur, ou plutôt elle acquit la certitude de ce qu'elle soupçonnait : plus âgée que moi de deux ans, cette legère distance faisait beaucoup; d'ailleurs, Amélie, élevée à la cour des comtes de Bar, connaissait le monde et savait mieux que moi lire dans les cœurs, il n'était donc pas étonnant qu'elle ait lu facilement dans celui d'un jeune homme simple et sans art, élevé loin de la société et ne sachant point encore dissimuler ce qu'il éprouvait: Amélie me rassura avec bonté : ne craignez pas, dit-elle, de m'avoir offensée, eh! pourquoi refuserai-je l'hommage du cœur de mon jeune ami, de celui que je me plais à distinguer, dont j'admire le respect filial et les vertus;

non, St.-Géran, je ne ferai point votre désespoir, je vous permettrai de m'aimer si cela peut vous rendre heureux, peut-être même, qu'un jour, je partagerai..... Mais vous êtes bien jeune encore; si j'ai atteint l'âge où mon sexe peut songer à former une union; vous, St.-Géran, ne jouissez pas du même avantage, il faut auparavant vous faire connaître, il faut acquérir un nom; lorsque des lauriers auront parés vos armes, vous pourrez prétendre à ma main, ma mère m'aime, elle oubliera la distance du rang, et vous acceptera pour l'époux de son Amélie, de sa fille chérie; elle ne voudra pas, par un refus cruel, faire mon malheur et le vôtre.

Je ne pouvais plus douter de ma félicité, mon amour était partagé, Amélie m'aimait et un tableau enchanteur se présentait à mon imagination : je saisissais avec avidité l'espoir qu'Amélie me présentait, hélas! combien il fut trompeur! à quel prix devais-je posséder celle que j'adorais!

Le séjour de Mathilde à Vassy, fut pour moi une continuation de jours heureux: sans cesse près d'Amélie nous nous prodiguions les marques du plus tendre amour, notre félicité n'était troublée que par les craintes d'une séparation, le tems approchait où la comtesse devait retourner à Bar; enfin cette époque arriva, mon père fit d'inutiles efforts pour la retenir plus long-tems, le jour de son départ fut fixé et avec lui devait cesser mon bonheur.

Mathilde m'avait souvent donné des preuves d'amitié, elle avait fait compliment à M. de St.-Géran de l'éducation qu'il m'avait donnée, mon père, en la remerciant de son indulgence, lui avait témoigné le regret de n'avoir pu pousser plus loin mon instruction. « Je regrette particulièrement, avait-il ajouté, de ne pouvoir l'introduire moi-même dans le monde, de ne pouvoir lui faire appercevoir les vices dont la société abonde et qui souvent cachés sous les dehors les plus aimables, ne peuvent être apperçus que par un œil exercé et non par celui d'un jeune homme qui est naturellement porté à voir tout en beau, à croire toutes les promesses qu'on lui fait, toutes les marques d'amitié qu'on lui donne; mais je vis ici en solitaire, ma famille est toute ma société, et ce n'est pas dans son sein que St.-Géran peut apprendre à connaître les hommes.

Mathilde n'avait point oublié cette partie du discours de mon père, et la veille de son départ, prenant ma mère en particulier, elle lui demanda la permission de m'emmener. Votre époux, dit-elle, m'a témoigné le regret de ne pouvoir guider les premiers pas de son fils, au milieu des écueils de la société; permettez-moi de prendre ce soin : mon rang appelle à ma cour la noblesse la plus brillante; je veux y présenter St.-Géran : ne craignez rien! je serai son Mentor, et me ferai honneur de vous remplacer près de lui; songez qu'un refus de votre part me ferait beaucoup de peine, et que l'intérêt de votre fils vous commande ce léger sacrifice.

Ma mère qui portait toutes ses affections sur moi, ne goûtait pas trop ce projet. Elle en parla à mon père qui fut d'un avis totalement opposé au sien; il voyait dans cette demande de la comtesse un grand avantage pour moi : c'était, selon lui, le moyen de m'ouvrir le chemin de la fortune; je pouvais continuer à me faire aimer de Mathilde, et son amitié permettait de concevoir les plus grandes espérances; il détermina donc ma mère, et tous deux remercièrent la comtesse de son offre obligeante en lui annonçant qu'ils l'acceptaient avec la plus vive reconnaissance.

J'étais près d'Amélie, je déplorais à ses genoux ma destinée qui allait me séparer d'elle; je voulais aller trouver la comtesse, lui déclarer mon amour pour sa fille; je voulais m'opposer à son départ; je voulais la suivre; je voulais.....

Eh ! que ne veut-on pas, lorsque l'on est près de perdre ce qu'on aime ! Je formais mille projets extravagans, lorsque j'appris la demande que Mathilde avait faite et la décision de ma famille : ce passage subit du malheur à tout ce qui pouvait me plaire le plus, faillit me faire perdre la raison ; et, sans Amélie qui m'observa qu'une joie aussi demesurée pouvait découvrir mes véritables sentimens, je ne sais ce que cet excès de bonheur aurait été capable de me faire entreprendre.

Je passerai rapidement sur mon départ du château de Vassy, et sur les détails de mon arrivée à Bar ; je ne vous peindrai pas mon étonnement à la vue de ce superbe palais, à la somptuosité des appartemens, à la foule des Chevaliers et des Dames qui remplissaient les salons lors de notre arrivée, je ne vous décrirais que bien faiblement ce que j'éprouvai alors : tout était nouveau pour moi, tout attirait mes regards et méritait mon attention ».

Aimond se rappela les fêtes que Guéréhard lui avait données à son passage à Lunéville; la surprise qu'il avait éprouvée et ce retour sur lui-même lui fit deviner la position de son ami.

St.-Géran continua ainsi:

« Depuis deux mois j'habitais le château de la comtesse, et ce court espace avait passé rapidement; j'avais beaucoup changé: la vue d'une société nombreuse m'avait rendu familiers les usages du monde: Amélie trouvait que j'avais acquis ce maintien assuré, cette contenance gracieuse qui constituent l'homme aimable.

Elle avait toujours été l'objet constant de tous mes soins: vingt conquêtes faciles s'étaient présentées; je les avais toutes dédaignées pour rester l'esclave d'Amélie. Il était difficile que tant d'amour demeurât caché aux yeux pénétrans d'une mère; aussi Mathilde avait-elle découvert notre secret; mais convaincue que j'aimais trop sa fille pour vouloir la faire manquer aux devoirs les plus sacrés, elle avait vu sans effroi naître une passion qui ne servait que trop bien ses projets. Son époux avait toujours estimé mon père : depuis sa mort, M. de St.-Géran avait continué d'avoir pour *Mathilde* le même respect, la même amitié qu'il avait porté au comte ; elle ne voyait donc rien qui l'empêchât de consentir à notre union, de me choisir pour son vengeur, je dis son vengeur, car tel était le but auquel j'étais destiné.

Nous étions loin de soupçonner que nous fussions découverts, et encore plus de deviner les projets de Mathilde ; nous goûtions, dans une douce sécurité, les délices de l'amour, lorsque la comtesse me fit avertir secrètement qu'elle m'attendait à minuit dans son appartement. A cette nouvelle, je me troublai et ne doutai pas que ce ne fût pour me reprocher d'avoir abusé de ses bontés, pour m'emparer du cœur de sa fille. Je fis part [de mes craintes à Amélie ; elle ne

les

les partagea point, elle s'imagina au contraire que sa mère voulait assurer notre bonheur ; que nous étions tous les deux loin de prévoir le véritable motif de ce rendez-vous !

J'obéis à l'invitation de Mathilde ; il m'avait été recommandé de m'y rendre le plus secrétement possible. Pour exécuter cet ordre, j'avais eu le soin de me mettre au lit, et dès que mon domestique fut retiré, je me levai et me mis en route pour le château : j'avais deux cours à traverser, je me dérobai adroitement à l'œil vigilant des factionnaires et j'arrivai, sans avoir été apperçu, au perron du pavillon occupé par la comtesse. — Est-ce vous? me dit une voix que je reconnus pour être celle de l'une des femmes de la comtesse.— Oui.— Venez. Puis me prenant par le bras elle m'introduisit dans les appartemens: la plus grande obscurité régnait partout: le silence de ces vastes salons n'était interrompu que par le bruit de nos pas, un sentiment de crainte s'empara de moi, et ma conductrice s'en aperçut probablement, car elle me dit: ne tremblez pas.

Arrivé dans la salle d'honneur, mon guide me quitta en me disant: *attendez-moi*, et il se perdit dans l'obscurité. Je restai seul, immobile, et ne concevant pas les motifs d'une pareille conduite: l'instant que je passai ainsi fut un siècle pour moi: enfin, on vint me reprendre, nous traversâmes encore quelques pièces, alors à la voix de celle qui me conduisait une grande porte s'ouvrit et me laissa voir.... Dieu! Quel spectacle! Mathilde et toutes ses femmes vêtues de noir, les cheveux épars et versant des larmes! Je ne vous peindrai pas mon étonnement, il est impossible à décrire; immobile, je ne savais si je devais approcher ou sortir de ce lieu de désolation; Mathilde fixa mon irrésolution en m'indiquant un siège et m'invitant des yeux à m'asseoir, j'obéis. — Le spectacle qui se présente à votre vue est nouveau pour vous, chevalier; mais apprenez que depuis la mort de mon époux, c'est ainsi que se passe une partie de nos nuits, c'est ici que nous versons des larmes sur sa mort, et c'est ici que je veux vous réveler un mystère dont la connaissance doit glacer votre ame de terreur; le comte de Bar mon époux ne succomba point à une maladie cruelle, il fut assassiné!.... Dieu! m'écriai-je, assassiné!... Alors la comtesse paraissant rassembler toutes ses forces : écoutez, me dit-elle, le récit de cet affreux événement.

« Mon époux avait accueilli à sa cour un chevalier peu fortuné mais qui semblait par sa bravoure et sa loyauté mériter que l'on eût pour lui les égards que doit inspirer le malheur, ce chevalier semblait pénétré de la plus vive reconnaissance pour nos procédés envers lui, et le comte de Bar voyait avec le plus vif plaisir que ses bienfaits lui avaient acquis un ami.

Je ne partageais pas l'opinion de mon époux envers Dandelot; (c'est ainsi qu'il se nommait.) Je ne sais ce que j'éprouvais à sa vue, il semblait qu'un secret pressentiment m'avertît des maux que cet homme devait me causer, je le surprenais souvent les yeux fixés sur moi, ses regards me glaçaient de terreur ; il s'offrait toujours de m'accompagner, soit à la chasse, soit dans mes promenades, je le refusais constamment, souvent même avec dureté, le comte me reprochait ma conduite envers lui. — Ce pauvre Dandelot, me disait-il quelque fois, n'est point aimé de vous, comtesse, vous le rebutez d'une manière décourageante, et je vous l'avoue, cela lui fait beaucoup de peine, il n'a rien tant à cœur que d'être estimé par vous autant que par moi.

Quelques tems après, on projetta une grande chasse : le comte, dès l'aube du jour, se mit en route ainsi que tous ses gens, je devais l'aller rejoindre au rendez-vous, Dandelot s'offrit encore à m'accompagner ; par complaisance pour mon époux, j'acceptai ; il en manifesta la joie la plus vive et se prépara à me suivre ;

arrivé au lieu indiqué, Dandelot profitant de l'éloignement de ma suite, me fit la déclaration de son amour, il me peignit les tourmens que cette passion lui causait, ce n'était point de l'amour, c'était des désirs, de la rage, s'il m'est permis de m'exprimer ainsi : effrayée autant que surprise je m'éloignai de lui sous un prétexte vague, je marchai au devant de mon époux, mais cette scène terrible ne sortait pas de mon imagination ; elle me poursuivait partout, au sein des plaisirs, dans les bras du comte, elle troublait mon sommeil, je voyais toujours près de moi, l'infâme Dandelot, j'entendais ses paroles, ses coupables désirs et un trouble perpétuel agitait mes sens.

Dandelot de son côté, cherchait tous les moyens de me faire changer de résolution, chaque fois que le hazard nous faisait rencontrer il m'entretenait de ses coupables feux, et toujours avec le langage de la menace : j'aurais tout dit à mon époux; mais je craignais sa vivacité, le sang eût coulé et j'en aurais été la cause, je préférai garder le silence. Mes refus constans, me disais-je, *détruiront* peu-à-peu la passion de ce furieux, et rebuté sans cesse, il prendra sans doute le parti de s'éloigner.

Ce n'étaient pas là les projets du monstre : depuis trois ans le ciel pour la seconde fois m'avait rendu mère et mon fils réunissait toutes mes affections, il me fut ravi sans qu'aucune recherche pût parvenir à me découvrir l'auteur de ce crime, j'étais dans une perplexité affreuse, lorsque Dandelot me dit qu'il était en son pouvoir, mais qu'il ne me serait rendu que lorsque j'aurais satisfait ses désirs. Saisie d'horreur à l'idée d'un forfait aussi épouvantable et n'écoutant que mon indignation, je courus à l'appartement de mon époux et lui révélai cet affreux mystère : le comte indigné s'empara de son épée et s'arrachant de mes bras marcha au devant du traître, jedévinai à l'instant la suite de cet évènement; je remplis le palais de mes cris, on accourt; sauvez mon époux, m'écrai-je; on se presse, on se heurte, on ne sait quel chemin suivre, je suis hors d'état de rien indiquer, le tems s'écoule et le comte est trouvé baigné dans son sang, au fond du parc, tous les secours lui sont prodigués, mais inutilement, il expire. Toute entière à ma douleur je ne peux que long-tems après donner les renseignemens nécessaires pour poursuivre son assassin, ce délai protégea sa fuite et, malgré les plus vives recherches, il fut jusqu'à ce moment introuvable. »

Tels sont, mon cher St.-Géran, les détails que j'avais à vous donner, ils ont rouvert de nouveaux les plaies de mon cœur, c'est à vous à les refermer en servant ma vengeance. Vous aimez Amélie? — Ah! madame, qui pourrait la voir sans éprouver pour elle ce sentiment. — Il y a long-tems que je me suis apperçue de votre amour, j'aurais pu m'y opposer, mon rang me permettant d'espérer pour ma fille un époux d'une plus haute noblesse; à mes yeux votre vertu suffit, je vous accorde la main d'Amélie; oui, vous serez son époux; mais auparavant, venez apprendre le devoir que vous avez à remplir.

A ces mots, Mathilde saisissant un flambeau m'ordonna de la suivre: nous traversâmes une longue galerie; arrivés à son extrêmité, la comtesse s'approcha d'un grand tableau, poussa un ressort, le cadre tourna sur lui-même et me fit voir un escalier pratiqué dans l'épaisseur de la muraille, Mathilde me fit passer le premier et referma la porte sur elle, nous descendîmes en silence, un nombre infini de dégrés; enfin parvenu dans un vaste souterrain, Mathilde, d'une voix altérée, me dit : *c'est ici*, et aussitôt, poussant fortement une porte de fer, je me trouvai dans un étroit caveau éclairé par une lampe sépulchrale, un autel de marbre noir était au fond, en avant, sur des gradins, était un cercueil de plomb; je m'approche, Mathilde lève la draperie qui le couvre; que vois-je, grand dieu! Le cadavre du comte de Bar! Le soin qu'on a pris de l'embaumer n'a pu détruire la lividité de ses traits, sa poitrine est couverte de cicatrices: voilà, me dit Mathilde, voilà les coups qu'un vil assasin lui a portés, puis saisissant un poignard qui repose près de lui: ce fer, dit-elle, fut trouvé dans son flanc, qu'il serve à frapper le monstre qui me priva du plus chéri des époux, à lui faire révéler le sort de mon malheureux fils: tenez, jeune homme, prenez ce poignard, cherchez par toute la terre l'infâme Dandelot, percez lui le sein, arrachez son cœur, et que brûlé sur cet autel, il serve d'encens aux manes de mon époux, à ce prix, Amélie est à vous. *

* Cette résolution terrible ne doit pas étonner, dans des tems beaucoup plus policés (en 1600) exista la fameuse querelle des Fiesques, des Doria et des Sé-

Ce discours de Mathilde, l'horreur de ces lieux, tout avait exalté mon imagination, je m'emparai du fer homicide, et m'écriai, avec l'accent de la fureur : oui, je jure que le comte de Bar sera vengé, les voûtes de ces demeures souterraines répétèrent mon serment. Mathilde au comble de la joie, reprit le chemin du palais. Je la suivis, et bientôt de retour dans la galerie, nous y trouvâmes les femmes de la comtesse que notre longue absence commençait à inquiéter. Rassurez-vous, leur dit-elle, j'ai trouvé un vengeur.

Là, ce termina ce mystérieux entretien : je rentrai chez moi, avec les mêmes précautions, et le voile du silence enveloppa les événemens de la nuit.

Amélie sut bientôt qu'il m'était permis de prétendre à sa main, mais elle ignora

---

guins. On sait que la veuve de l'un de ces derniers éléva ses quatre enfans dans le dessein d'en faire des vengeurs de sa race ; ils réussirent dans leur projet, et se retirerent en Provence, où ils devinrent la source des familles les plus considérées.

ce qu'on exigeait de moi pour l'obtenir. Guidé par mon amour pourelle, j'accélérais, autant que possible, les préparatifs de mon voyage. Je voulais visiter toutes les cours, tous les châteaux, les monastères, pour y découvrir Dandelot, chaque instant de retard était un siècle pour moi. Enfin, graces aux soins de Mathilde l'époque de mon départ était fixée, déjà j'avais été à Vassy faire mes adieux à ma famille, mes équipages étaient prêts, lorsque les bruits de guerre parvinrent jusques dans nos paisibles provinces. Bientôt Philippe-Auguste fit demander à la Comtesse des secours. On forma à la hâte une légion nombreuse, et je fus mis à la tête de ces braves : l'intérêt public éteignit un instant tous les sentimens particuliers; avant de venger son injure, il fallait sauver son pays, remettant à un autre moment le soin de purger la terre d'un assassin, je vins rejoindre l'armée.

Telle est, mon ami, mon histoire, telles sont les causes de ma mélancolie, est-elle condamnable ? Puis-je être heureux ? L'image sanglante du comte de Bar me poursuit partout, le desir de le venger me tourmente sans cesse, et je suis forcé de rester dans l'inaction, et je languis dans un honteux repos, tandis que l'exécrable Dandelot porte dans une cour étrangère son audace et sa perfidie. Ah ! cette idée est accablante ; pour combien de tems suis-je séparé de mon Amélie ? à quelle époque pourrai-je, la main teinte de sang, la demander pour ma récompense ? mes idées ne peuvent se fixer, je ne vois point de terme à notre séparation, est-il donc étonnant que la douleur empoisonne mes jours ?

Aimond avait écouté avec le plus vif intérêt le récit de St.-Géran, il partagea sa peine, mais voulant ranimer son courage. Bannissez loin de vous une tristesse importune, lui dit-il, soyons tout entier à la gloire, et lorsque nous aurons obtenu sur le perfide Othon, une victoire assurée, je me joindrai à vous, pour découvrir Dandelot ; si vous êtes guidé par l'amour, je le serai par l'honneur, la Comtesse doit trouver dans chaque chevalier un vengeur, prêt à combattre pour elle.

St.-Géran serra étroitement son ami dans ses bras, et dès cet instant ces deux guerriers ne comptèrent de momens heureux que ceux qu'ils passèrent ensemble.

C'est ainsi qu'ils attendirent le signal des combats ; il ne tarda pas, et le bruit des batailles dissipa pour quelque tems leur mélancolie.

CHAPITRE VI.

Bataille de Bovines.

Nous étions dans les premiers jours de juillet, Philippe-Auguste, par les différents renforts qu'il avait reçus, se trouvait à la tête de soixante et dix mille hommes ; quoique ce nombre ne fût pas moitié de celui de l'armée ennemie, il se décida au combat, en conséquence toutes les mesures furent prises à cet égard ; il assembla ses généraux, communiqua le dessein où il était d'attaquer l'ennemi, cette résolution fut reçue avec transport par tous les guerriers, et un cri général sembla présager la victoire.

Philippe, aussi bon capitaine que savant politique, fit toutes ses dispositions, il divisa ses troupes en quatre parties dont il confia le commandement à de vaillans guerriers, trois mille hommes formant l'avant-garde étaient sous la conduite de Gaucher, comte de St.-Pol; un autre corps de dix mille hommes, sous les ordres du brave Mathieu, baron de Montmorency, devait attaquer l'ennemi sur sa gauche, tandis que le corps de l'armée, composé de cinquante mille hommes, était commandé par le roi en personne. Guérin, chevalier de l'ordre de St.-Jean de Jérusalem, et depuis peu, évêque de Senlis, avait le commandement général, sous les ordres de Philippe. A cette époque les serviteurs de Dieu ne se contentaient pas de prêcher la guerre et de ranimer le zèle de leurs troupeaux par des mandements et des sermons, ils payaient de leur personne, ce fut à cette affaire que l'Evêque de Beauvais s'arma d'une massue de bois avec laquelle il faisait main basse sur les ennemis, en disant qu'assommer n'était pas répandre le sang, et accordant ainsi sa bravoure avec les préceptes de sa religion.

Le prudent Philippe conserva une division de sept mille braves dont il confia le commandement à Aimond, cette division devait rester sous les murs de Lille et se tenir disposée à marcher où le besoin serait ; le courage d'Aimond murmurait tout bas d'être obligé, par le poste qu'on lui assignait, de rester en quelque sorte témoin immuable de la bataille; la présence de St.-Géran, de Thierry, de ses braves Lorrains, était seule capable de lui faire supporter cet affront; soyons justes cependant, Philippe n'avait point eu l'intention d'humilier notre jeune héros, au contraire, il était bien décidé à faire marcher sa réserve, et s'il en avait confié le commandement à Aimond, c'était, dans la persuasion où il était, qu'il se porterait avec zèle et activité partout où le besoin l'appellerait.

L'empereur Othon qui commandait l'armée ennemie s'apperçut bientôt des mouvemens de Philippe et fit de son côté les dispositions qu'il jugea nécessaires, déjà les deux arméess se sont ébranlées; elles sortent de leurs camps et se répandent dans la campagne, semblables au torrent fougueux, qui, brisant les écluses qui le retiennent, s'étend dans la campagne et couvre de ses eaux la plaine aride.

O champs de Bovines ! * De combien de sang vous fûtes arrosés? de combien d'actions d'éclats vous fûtes témoins ? Redites-moi combien de faits courageux se passèrent en ce jour mémorable, retracez à mes yeux l'intrépidité et la valeur française ! Mais que dis-je? et pourquoi remonter à des sources si éloignées pour donner une idée du courage des soldats Français ! Marengo ! Austerlitz ! Jena, Friedland, Bovines fut aussi célèbre ! Comme vous, il vit un héros commander à la victoire et porter la mort et l'admiration dans les rangs ennemis.

---

* Dans plusieurs historiens on trouve Bouvines. Voltaire dans Zaïre a fait dire à Lusignan :

« Quand Philippe à Bovines enchaînait la victoire, »

Gaucher, à la tête de son avant-garde, avait repoussé l'ennemi avec avantage, et l'avait forcé de prendre une position avantageuse pour Philippe, alors le centre arriva en bon ordre: bientôt les deux armées sont en présence, et le combat s'engage : chaque soldat croit venger sa querelle personnelle. Philippe, entouré de ses vaillans capitaines au nombre desquels on distingue l'illustre Coucy, le brave de Nesle, le vaillant Guillaume de Barres, le vicomte de Melun et une foule d'autres braves, parcourt les rangs; il anime par sa présence le courage de ses troupes. « Amis, s'écrie-t-il, en passant devant un escadron, vous avez vaincu à Bruges et à Cassel, vous ne démentirez pas votre renommée ». Une division paraissait-elle intimidée par le nombre des ennemis? « Soldats, leur disait Philippe, allez renverser ce bataillon? » et sa voix réveillant l'amour-propre du guerrier, l'ordre était exécuté. Il apperçut une compagnie des siens qui pliait devant une forte division d'arbalêtriers *, aussitôt il court à elle, et saisissant son gantelet, il le lance au milieu des ennemis, en s'écriant : Français, allez le chercher. Les fuyards stupéfaits s'arrêtent ; et, faisant volte-face, s'élancent sur les ennemis qui, surpris de cette audace, cherchent à leur tour à prendre la fuite et n'y parviennent qu'en perdant une grande partie des leurs.

Tandis que l'armée faisait de ce côté des prodiges de valeur, Mathieu de Montmorency, vivement attaqué par les ennemis, se voyait près de tomber au pouvoir des confédérés, et ses troupes hachées par leurs féroces ennemis.

Aimond, jusqu'alors spectateur de la

---

* C'est Richard qui avait introduit en France l'usage des arbalêtriers, et il mourut de cette arme. En 1199, il attaquait le château de Chalus dans l'intention de se rendre maître d'un trésor appartenant à un gentilhomme limousin, il fut blessé d'un coup d'arbalête, et en mourut le 11 avril de cette année.

bataille, s'apperçoit du danger que court Montmorency; il frémit de joie de se voir enfin à même de prendre part au combat. Il serre la main de St.-Géran qui était à ses côtés, en lui disant: *allons vaincre.* Il dit, et déjà leurs coursiers sont dans la plaine; ils arrivent, et la terre est couverte de morts. Montmorenci fier de ce renfort rassemble les siens et reprend bientôt l'avantage; l'ennemi surpris songe à se replier, Aimond ne lui en donne pas le tems; il a deviné son dessein, et, prenant seulement ses Lorrains, il cerne le comte de Boulogne qui bientôt se trouve entouré de toutes parts: Montmorency et St.-Géran qui ont vu la manœuvre d'Aimond essayent et parviennent à le rejoindre, alors Renaud et ses bataillons se trouvent au milieu d'un cercle d'ennemis qui massacrent tout ce qui offre encore quelque résistance: Aimond combat Renaud, le précipite de son cheval et saisissant son épée il la lève sur sa poitrine en lui ordonnant de se rendre, Renaud voyant sa mort certaine, se livre au vainqueur et demeure son prisonnier.

A cet instant, Thierry rejoint son maître et lui apprend que Philippe court le plus grand danger. Aimond, suivi d'une partie de ses troupes, vole au secours de son roi. En effet, Philippe entouré, pressé par un gros d'ennemis, s'était vu obligé de payer de sa personne : il avait eu son cheval tué sous lui; renversé par cet accident, il était foulé aux pieds. Aimond apperçoit l'étendard royal, court, et arrive à l'instant où Philippe, déjà blessé à la gorge, va recevoir le coup mortel; il se jette au-devant de lui et reçoit dans sa cotte de maille le fer de la lance dirigée sur le roi; il met pied à terre, donne son cheval à Philippe qui, n'écoutant que son courage et sans égard pour sa blessure, y place de nouveau.*

---

* Historique.

Bientôt le soldat appercevant son roi qu'il croyait avoir perdu, retrouve toute sa vigueur, et le carnage devient affreux. Aimond ne quitte plus Philippe ; son écu, tout son corps couvrent son roi, lorsque le danger semble le menacer encore : Thierry reste avec les Lorrains, déploie un courage et une bravoure au-dessus de tout éloge ; partout la mort vole sur ses pas, et, au seul nom de *Lorraine*, on voit fuir des bataillons entiers.

Enfin la victoire se décide pour les Français. Othon est en pleine déroute, son grand étendard représentant un dragon, surmonté d'un aigle impérial, est mis en morceaux ainsi que le chariot qui le portait ; Ferrand est fait prisonnier par Gaucher, comte de St.-Pol ; Aimond s'était emparé de Renaud ; trois autres comtes, vingt-deux seigneurs bannerets, un grand nombre de prisonniers, tels furent les résultats de cette journée qui termina la guerre *.

---

* Historique.

Philippe témoigna à Aimond la plus vive reconnaissance et l'invita à venir à sa cour ; Aimond toujours occupé d'Angela et du baron de Dompaire desirait porter lui-même la nouvelle de ses succès; mais le roi insista, et Thierry, chargé d'une longue lettre, fut expédié pour Dompaire et Lunéville ; il fut chargé aussi de reconduire à Guéréhard ses braves, et, avant leur départ, Philippe leur fit remettre une riche part de butin.

Renaud fut conduit à la tour neuve de Péronne, et Ferrand fut destiné à occuper celle du Louvre qui alors se trouvait hors Paris ; il y fut conduit chargé de fers et attaché dans un chariot traîné par des chevaux *ferrands* *.

L'arrivée de Philippe à Paris fut un véritable triomphe : les bons Parisiens

* Historique. On nommait ferrand un cheval bai obscur ou couleur de fer. Le peuple chantait sur le passage du prisonnier :

» Quatre ferrands bien ferrés,
» Mènent Ferrand bien enferré.

qui dans tous les tems montrèrent un amour extrême pour leurs souverains, firent à cette époque éclater leur joie d'une manière peu commune : ce ne fut pendant plus de huit jours que fêtes, que réjouissances, que cris d'allégresse. Aimond était surpris, étonné de tout ce qu'il voyait : les fêtes que Guéréhard lui avait données à son passage à Lunéville, quoique magnifiques à ses yeux, n'avaient pu lui donner une idée de celles dont il se trouvait témoin.

La distinction dont Philippe honorait Aimond fixait sur lui tous les regards ; il était l'objet des attentions les plus délicates ; les courtisans se pressaient autour de lui, et si son cœur n'avait point été à Angela, vingt fois il eut trouvé l'occasion de le faire accepter.

St.-Géran partageait les faveurs dont jouissait son ami : désormais inséparables, Aimond ne pouvait être heureux qu'autant que St.-Géran serait près de lui.

Il n'osait point, au milieu de tant de preuves d'attachement demander à Philippe la permission de retourner dans ses foyers. Combien de fois au milieu d'un repas somptueux, d'un bal magnifique, ne s'était-il pas surpris rêvant à son amour. St.-Géran devinait bien les peines de son ami, et tâchait de l'en distraire par les marques du plus sincère attachement. Enfin, l'amour l'emporta sur la timidité, et Aimond osa demander à Philippe son congé. Le roi, du ton le plus gracieux, rejetta sa demande, lui disant qu'il l'avait trop bien servi, pour vouloir sitôt se priver de son bras.

En effet, son intention était de marcher de nouveau en Poitou, les Suzerains de ce pays, qui avaient favorisé les Anglais, ayant appris les victoires de Philippe, lui avaient promptement fait offrir toutes les soumissions désirables ; mais rendu méfiant par les circonstances, il ne s'en rapporta pas à leurs paroles, et préféra de se rendre dans le pays pour les pousser à bout. Le vicomte de Thouars était encore à craindre, et le Monarque Français jugea à propos de lui donner une leçon qui servît tout à la fois de punition et d'exemple. Le roi Jean était alors dans Partenay, et on pouvait concevoir l'espoir de le prendre.

Dans ces circonstances la présence d'Aimond était trop nécessaire à Philippe pour qu'il consentît à se séparer de lui, notre jeune chevalier se voyait donc encore séparé, peut-être pour long-tems, de celle qu'il aimait.

Alors la poste n'existait pas, une lettre ne pouvait être portée que par un courier, il était difficile d'entretenir une correspondance. Sans cette difficulté, l'amoureux Aimond n'eut pas manqué d'écrire, la timide Angéla ne voyant dans son amant que son futur époux aurait osé répondre, et de là, un recueil de billets brûlans d'amour, remplis de promesses de fidélité, de marques de tendresse, peignant les tourmens de l'absence, et au résumé n'offrant par tout que cette pensée , sous mille formes différentes, *je vous aime.* Mais moi, pauvre auteur ! destiné à faire des volumes: quelle latitude ! Quel moyen d'augmenter mon ouvrage ! Ayons donc le courage d'y renoncer, puisque nous ne pouvons l'employer sans choquer toute vraisemblance !

Pour dédommager mes lecteurs de ces tendres élégies, abandonnons un instant Aimond et St.-Géran, laissons les voler à de nouvelles victoires, et reportons-nous dans l'antique manoir du baron ; visitons ce vertueux Guéréhard et ce jeune Frédéric dont les dispositions n'annonçaient rien de merveilleux pour la suite. Il y a près d'un an qu'Aimond a quitté la Lorraine, et depuis ce tems il a dû se passer bien des évènemens, tâchons de les connaître, et voyons si la nouvelle absence de l'amant d'Angela ne lui sera pas préjudiciable.

CHAPITRE VII.

Mort de Guéréhard. — Déclaration. — Projets de vengeance.

Après le départ d'Aimond et de Thierry ce château de Dompaire était devenu une véritable solitude, Angela perdit bientôt le courage qu'elle avait montré au moment du départ de son amant, le baron privé de son jeune élève et de son vieil écuyer éprouvait un vide difficile à remplir, ce n'est pas que la manie de Thierry d'avoir toujours raison ne l'eût contrarié plus d'une fois; mais cette contrariété même était une espèce de distraction à la monotonie de son existence; maintenant il était véritablement seul, Angela soupirait tout le jour; mais c'est particulièrement après *la dînée*, lorsque tout était tranquille *au châtel*, qu'elle s'appercevait de l'absence d'Aimond, avant son départ. Cet instant était plein de charmes : Aimond avait l'habitude de rester près d'elle ; il tenait mille propos flatteurs ; il contait des anecdotes, des historiettes avec un art particulier : le baron écoutait, souriait quelquefois des propos du jeune homme ; et d'autres fois aussi, lorsque l'histoire était trop longue, il s'endormait ; c'est alors que nos amans jouissaient d'un instant de bonheur : ils ne parlaient pas crainte de troubler cet heureux sommeil ; mais leurs yeux exprimaient mille pensées délicieuses ! Le baron se réveillait-il ? vîte on reprenait le cours de l'histoire, et l'on ne paraissait pas s'être apperçu de son sommeil ; si le tems était favorable, c'est dans le parc, les jardins, que la conversation avait lieu ; on y était plus heureux encore, l'aspect de la nature semble disposer les cœurs à l'amour, et puis c'est un rien qui fait le bonheur d'un amant. Angela avait-elle cueilli une fleur, et, après en avoir respiré le parfum, l'abandonnait-elle ? Aimond s'en emparait et la gardait précieusement sur son cœur. Une butte de terre se présentait-elle ? Aimond offrait sa main à Angela pour l'aider à la gravir; puis une petite pression bien douce, bien expressive, enfin mille choses insignifiantes sur le papier et charmantes quand on aime.

Tels étaient les souvenirs d'Angela, telles étaient les causes de sa tristesse. Le baron s'appercevait bien de tout cela; aussi cherchait-il à la distraire, en lui donnant les marques de la plus vive amitié: sans doute elles étaient bien précieuses pour Angela; mais que font les marques de l'amitié sur un cœur qui a connu l'amour!

Quelquefois il priait sa fille de lui lire d'anciens manuscrits qui reposaient dans la bibliothèque du château; ils contenaient presque tous des récits de bataille soutenues contre les Maures et les Sarrasins, il n'y avait rien là d'amusant pour

Angela; mais , lorsqu'à travers leur langage gothique elle découvrait la valeur d'un jeune héros, sa pensée se reportait aussitôt à Aimond, et cette lecture loin de la ditraire la plongeait dans de nouvelles réflexions ; le baron était donc chagrin par lui-même et encore par la tristesse de sa fille.

On n'était guères plus heureux à la cour de Guéréhard : Frédéric continuait a faire des sottises qui abrégeaient de beaucoup l'existence de son infortuné père ; enfin il tomba malade, et au bout de quelque tems sa maladie prit des symptômes effrayans. Frédéric donna bien des marques de douleur ; mais, dans le fond, il ne pouvait, sans un secret plaisir, se voir à la veille d'être Duc de Lorraine, propriétaire de biens immenses et maître absolu de ses actions.

Hyppocrate avait des disciples bien ignorans dans ce siècle ! Peut-être que par des remèdes combinés, un traitement savant, on eut pu prolonger encore de quelques années l'existence de cet illustre souverain ; mais, soit qu'il fût arrivé au terme de sa vie, soit ignorance de la part des médecins, il fut en peu de jours aux portes du tombeau.

Tous ses vassaux en larmes assiégeaient les portes du palais ; ils voulaient voir le duc ; ils voulaient tous donner leur existence pour lui sauver la vie : quelquefois leurs cris parvenaient aux oreilles du malade, et un sourire de satisfaction venait encore animer sa physionomie, dans un de ces momens, à l'instant où le peuple obstruait l'entrée du palais. Des cris se font entendre, l'attention est distraite et les regards se portent à l'endroit d'où s'élève le tumulte: c'est une foule de paysans courant à toutes jambes et donnant des marques de la joie la plus vive. Surpris de cette allegresse dans un pareil moment, on s'approche et bientôt, au milieu d'une troupe bruyante, on distingue un cavalier portant une lettre pour Guéréhard. Il arrive du camp français ; alors l'allégresse est générale, chacun espère apprendre des nouvelles de son fils, de son frère, de son époux : le courier est accablé de questions auxquelles il promet de répondre, lorsqu'il aura parlé à Guéréhard ; alors la foule s'écarte, l'envoyé de Philippe pénètre jusqu'à la chambre du duc, et remet ses dépêches.

Guéréhard venait d'éprouver un moment de faiblesse qui avait fait trembler ceux qui l'entouraient ; la vue du courier semble le ranimer un instant, il fait signe à son fils de lui lire le message : Frédéric obéit et Guéréhard apprend que ses Lorrains ont fait des prodiges de valeur ; qu'Aimond a sauvé la vie à Beaumanoir, un convoi de vivres des mains de l'ennemi et d'autres détails que nous connaissons déjà ; enfin Philippe terminait en annonçant qu'il avait confié à Aimond le commandement d'une division de l'armée, et il remerciait Guéréhard de lui avoir adressé un si brave jeune homme.

A ces derniers mots du roi, le vieillard tressaillit de joie; il saisit d'une main tremblante la lettre que Frédéric tient encore, il y porte ses lèvres décolorées, puis faisant un dernier effort, il tourne ses yeux vers le ciel, rassemble ses forces, et d'une voix mourante il dit : « O mon Dieu ! protèges Aimond, fais » que mon fils..... Il ne peut achever, ses bras retombent sur lui, ses yeux se ferment, un dernier frémissement se manifeste..... il a cessé de vivre.

Arrêtons-nous un instant : la mort de cet illustre guerrier, de l'époux d'Alexide, doit nous plonger dans la douleur.

Son corps fut exposé aux yeux du peuple et arrosé des larmes de ses sujets. On vit des vieillards amener leurs enfans devant son cénophate et dire en leur montrant ses traits livides : regardez, c'est notre père à tous. Des femmes s'arrachaient les cheveux en s'écriant : il fut le modèle des époux ! il fut le meilleur des souverains ! De magnifiques funérailles eurent lieu : un tombeau de marbre noir renferma ses précieux restes et chacun se disputa l'honneur d'y placer une inscription. On voulait peindre à-la-fois, sa valeur, son humanité, sa bienfaisance, et son économie; toutes celles proposées n'exprimaient que faiblement les sentimens des Lorrains. Une idée digne de celui qu'on révérait vint frapper ceux chargés de l'érection du monument; ils firent graver sur la tombe ce mot :

GUÉRÉHARD!

Simplicité sublime! c'était dire : nous n'avons rien trouvé capable de célébrer tes vertus; mettre ton nom, c'est les rappeler toutes aux yeux de tes sujets.

Le courier qui avait été témoin de cette terrible catastrophe se ressouvint qu'il était aussi porteur d'une lettre pour le château de Dompaire, et se rendit à sa destination.

Il avait fait une de ces journées nébuleuses qui semblent augmenter encore l'ennui qu'on éprouve. Angela était près de son père ; tous deux assis devant une antique cheminée se regardaient en silence : le baron repassait dans son esprit ses anciens faits d'armes, et Angela pensait à..... vous le devinez. Tout à coup un son de cor, donné par la *Guaite* de la grande poterne, se fait entendre, le pont-levis se baisse, et un cheval fait retentir sous ses pas le pavé de la grande cour : Angela s'élance à la fenêtre ; elle a vu le courier ; elle le montre à son père. Le vieux baron se lève, et, appuyé sur le bras de sa fille, il marche au-devant du messager : Angela voudrait accélérer ses pas ; ils arrivent, la lettre est remise : le baron ne l'ouvre point assez vîte ; il s'apperçoit de l'impatience de sa fille, sourit et la lui remet en la priant de la lire. Angela est au comble de la joie ; son œil dévore les lignes tracées par son amant : il se porte bien, sa troupe s'est distinguée, voilà tout ce qu'il faut pour le cœur d'Angela ; mais lorsqu'elle arrive au *post scriptum* écrit par le roi lui-même, lorsqu'elle apprend qu'Aimond est considéré, aimé, qu'il a obtenu un commandement; c'est alors que son ivresse est au comble, des larmes de plaisir obscurcissent ses beaux yeux et viennent tomber sur son sein; l'émotion du baron n'est pas moins grande; il gagne en chancelant le siège le plus prochain et cache sa tête dans ses deux mains: Angela profite de cet instant, et un baiser brûlant est déposé par elle sur le nom de son amant. Ah! si l'amour est un sentiment digne des plus grands cœurs, combien n'est-il pas ennobli, lorsqu'il est la récompense du courage!

Le courier qui par respect s'était retiré dans la chambre voisine est appelé, Angela le comble de caresses, le fait approcher, lui offre la meilleure place: c'est de sa main qu'il reçoit des raffraîchissemens; c'est elle qui l'invite à se reposer quelques jours: elle ne saurait trop faire pour celui qui vient de la rappeler à la vie.

Au milieu d'une joie aussi bruyante, il était difficile à ce brave homme d'annoncer la mort du duc de Lorraine dont il venait d'être témoin ; il craignait qu'un passage aussi subit de la joie à la tristesse ne fût dangereux pour le baron ; il dissimula donc cette nouvelle, et consentit à séjourner quelques jours.

Angela en insistant pour que le messager se reposât, avait bien son intérêt particulier ; elle espérait profiter de ce tems pour obtenir mille détails sur son amant ; aussi accabla-t-elle le pauvre diable d'une foule de questions.

Le lendemain, il demanda au baron la permission de l'entretenir en particulier ; et, prenant tous les ménagemens possibles, il l'instruisit de la mort du duc. Le baron fut frappé d'étonnement et versa des larmes amères : le duc depuis long-tems était son protecteur, son ami ; il lui devait la situation heureuse dans laquelle il se trouvait. Le baron avait l'ame sensible, nous devons présumer sa douleur : au même instant un exprès en apporta la nouvelle officielle. Le baron fit part à sa fille de ce triste événement, et se disposa à partir pour assister aux funérailles de son bienfaiteur : Angela fut du voyage, le baron ne pouvait pas la laisser seule dans son château. On compte à peine dix lieues de Dompaire à Lunéville; on prépara donc deux *destriers* * et une suite convenable, et le baron se mit en route.

La position d'Angela était difficile : son ame était partagée entre la joie d'avoir reçu des nouvelles de son amant et la peine qu'elle éprouvait de la mort du duc de Lorraine.

Ils furent reçus au château de Lunéville avec tous les honneurs dûs au baron, et assistèrent aux cérémonies fu-

---

* *Destriers.* On nommait ainsi les chevaux que montaient les chevaliers et les nobles, et que leurs écuyers conduisaient de la main droite, d'où vient le mot *destriers.* Les jumens étaient affectées aux chevaliers dégradés et aux roturiers.

nèbres. C'est dans cet instant que le jeune Frédéric apperçut pour la première fois Angela. Sa vue sécha les larmes que l'usage le forçait de répandre, et ses traits se gravèrent dans son cœur. Malheureuse entrevue! de combien de maux vous allez être suivie!

Au bout de quelques jours, le baron après avoir prêté serment d'obéissance entre les mains de son nouveau souverain, se disposa à quitter Lunéville: Frédéric, instruit de ce prochain départ, se rendit chez lui et le pressa vivement de prolonger son séjour. Sa visite avait encore un autre but, il voulait revoir Angela qui déjà occupait toutes ses pensées: sa vue en augmentant son amour lui fit employer toutes les prières imaginables pour engager le baron à rester plus long-tems à sa cour; mais il fut inflexible, et, au grand regret du duc, il reprit avec sa fille la route de Dompaire.

Dès ce moment Frédéric ne songea plus qu'aux moyens de revoir Angela, de la posséder. Cependant, des intérêts majeurs le forcaient de suspendre au moins pour quelques tems tous projets à cet égard, il fallait qu'il s'occupât sérieusement de sa nouvelle dignité, la vie dissipée qu'il avait tenue jusqu'alors l'avait empêché de profiter des conseils et des avis de son digne père, pour l'administration de ses domaines. Tout était nouveau pour lui, il ne surmontait un obstacle que pour être arrêté par un autre, heureusement que Guéréhard s'était entouré de ministres intelligens et d'une probité sévère; par amour pour la mémoire du père, ils guidèrent les opérations du jeune Souverain qui se vit bientôt libre de suivre son goût pour les plaisirs.

L'obligation où il s'était trouvé d'oublier quelques tems Angela, n'avait fait qu'accroître son amour, que dis-je? ses desirs, car jamais il ne connut ce sentiment délicat. Son embarras était de la revoir, il ne savait comment y réussir;

il ne pouvait agir envers la fille du baron de Dompaire, comme il aurait fait avec une *gente pastourelle*, son imagination fertile échouait devant cette difficulté; il se vit obligé d'avoir recours à son fidèle Thibault.

Thibault était un chevalier fixé depuis long-tems à la cour de Lorraine, et dont personne ne connaissait la fortune ni l'origine; c'était un de ces hommes au teint pâle, livide, au regard sardonique, les lèvres épaisses, la chevelure noire, et le maintien hypocrite; il était parvenu à force de bassesses, de flatteries, à se faire bien venir du duc; Frédéric ne voyant en lui qu'un ami commode, approuvant ses goûts, prévenant ses désirs, lui avait donné toute son amitié, et depuis long-tems en avait fait son confident intime, aussi est-ce à lui que nous devons imputer une grande partie des vices qui se développaient d'une manière effrayante dans le cœur du jeune prince.

Thibault fut donc consulté, son génie n'hésita pas un instant : Frédéric venait de prendre les rênes du gouvernement, on ne pouvait trouver étonnant qu'il visitât ses domaines, ce motif le conduisait naturellement au château de Dompaire, et lui procurait le moyen de revoir la belle Angela, ce projet fut aussitôt adopté que conçu, et Frédéric ne songea plus qu'aux préparatifs de son voyage.

La joie que la lettre d'Aimond, avait répandu dans le château était effacée, la tristesse avait repris son empire, Angela se livrait de nouveau à ses rêveries, lorsqu'un message annonça la prochaine arrivée du duc.

Aussitôt tout est en mouvement, on répare, on range, on nétoie, le vieux baron ordonne, commande, et bientôt la chapelle, les cours, la gallerie, les jardins ont reçu une réparation totale, où était Thierry en ce moment? comme son heureuse activité eût été satisfaite! avec quelle joie il eut présidé à tous ces préparatifs! le baron s'appercevait de son absence, il se serait volontiers reposé sur lui de bien des détails, mais cependant il ne voulut pas que rien en souffrît: des fêtes furent ordonnées, la garde du château et les pages reçurent de nouveaux uniformes; enfin, depuis l'aube du jour, usqu'à *la vespérée*, tout était en travail au château.

Angela de son côté veut paraître avec éclat: aidée de ses femmes, elle se brode de nouveaux vêtemens, l'art et la richesse se réunissent pour les rendre magnifiques, funestes apprêts! de combien de larmes vous serez suivis!

Enfin, le jour attendu a paru, et les hommes placés sur les tourelles, signalent par le son des trompettes l'approche de Guéréhard, dont le cortège est apperçu dans la plaine, aussitôt le baron revêtu de son antique armure et monté sur son superbe coursier se met à la tête de ses hommes d'armes; Angela est à ses côtes et montée comme lui sur un cheval de la plus belle apparence, une foule d'écuyers, de pages, de valets, les entoure, et le cortège sort du château; tous les habitans de Dompaire se joignent à eux, et au milieu des plus vives acclamations, la troupe marche au devant de celle du duc.

Elles se rencontrent, le baron met pied à terre, et s'incline devant Frédéric; celui-ci le relève avec empressement et marchant droit à Angela, la salue avec grace et, lui tendant la main, l'invite à se placer près de lui.

Frédéric avait bien réfléchi à cette première entrevue, il savait que la passion la plus violente était souvent la suite de l'impression plus ou moins forte, qu'on avait éprouvé à la vue de quelqu'un, aussi avait-il étudié son maintien; ses gestes, ses discours, tout en lui était aimable et de la plus fine galanterie: le piège était bien tendu et pour tout autre qu'Angela, il eût été certain; en effet, qui aurait pu résister à la vue d'un jeune duc de vingt-deux ans; au teint brun, à l'œil noir, et bien fendu, la stature haute et bien prise, le sourire sur les lèvres et le propos galant à la bouche : un habit vert brodé en or, un large manteau de pourpre, rattaché par deux glands d'or, une riche toque chargée de plumes blanches, relevaient encore ses graces naturelles; mais c'était inutilement qu'il avait fait tant d'apprêts, le cœur d'Angela les avait vu avec indifférence; et l'usage seul la faisait se prêter aux honnêtés de Frédéric.

Les deux troupes réunies marchèrent droit à Dompaire; arrivées au château, le baron et sa fille invitèrent le duc et ses principaux officiers à monter à la galerie où des rafraîchissemens l'attendaient, d'autres salles étaient préparées pour la suite du prince, et partout les honneurs furent faits avec cette grace, cette galanterie, qui distinguaient l'ancienne chevalerie.

Pendant plusieurs jours, ce ne fut que fêtes, repas, danses, tournois, rien ne fût oublié pour fêter dignement Frédéric; mais que lui importaient tous ces divertissement, c'était Angela seule qui l'occupait, et sa présence valait pour lui toutes les fêtes du monde. L'amante d'Aimond était loin de soupçonner les sentimens de son souverain, aussi ne prenait-elle aucun soin pour l'en distraire; forcée d'effacer de son esprit les sombres idées qui l'occupaient sans cesse, elle avait en partie recouvré ce sourire charmant, cette aimable gaieté, ces graces, qui avaient faits tant d'impression sur Aimond, et qui en ce moment enfonçaient bien avant le trait empoisonné dans le cœur de Frédéric: vingt fois il avait été à même de la considérer à loisir et chacun de ses regards augmentait la violence de sa passion. Enfin, saisissant un instant favorable, il amena la conversation sur les engagemens du cœur, et chercha adroitement à pénétrer la secrète pensée d'Angela. Votre cœur est donc libre? lui dit-il? — Permettez-moi, prince, de trouver la question indiscrète; cependant, je vais y répondre, s'il s'agit de l'amitié, de la reconnaisance, non, mon cœur n'est point libre des devoirs que ces sentimens imposent, sur tout autre sujet, j'aime à penser que vous avez trop bonne opinion de moi pour croire que j'aie disposé de mon cœur sans l'aveu de mon père. Frédéric vit bien que c'était adroitement éluder la question; mais sans se décourager il continua: et si l'on vous déclarait l'amour que votre vue a fait naître? — A moins que je ne l'éprouvasse moi-même je le rejetterais, persuadée qu'il ne peut rendre heureux que lorsqu'il est partagé. — Et vous ne l'éprouvez pas? — Je vous le répète, prince, aucune des personnes qui habitent ce pays ne m'inspire d'autres sentimens que ceux de l'amitié.— Ainsi vous êtes déterminée à payer de la plus froide indifférence celui qui brûlerait d'amour pour vous? — Je n'ai pas assez de confiance en mes charmes, reprit Angela, en souriant, pour penser faire beaucoup

beaucoup de malheureux, si quelqu'un me déclarait son amour, je ne regarderais cela que comme un feu passager, que ma tranquillité et mon indifférence auraient bientôt éteint. Puis changeant la conversation elle se rapprocha de la compagnie.

Frédéric s'apperçut bien qu'il ne lui serait pas facile de vaincre cette fierté, et de faire agréer ses vœux ; ne consultant que l'amour qui le maîtrisait, que ses desirs qui le portaient vers Angela, il se détermina à demander sa main. Thibault rejetta bien loin ce projet, trop dans les convenances, pour plaire à son ame dépravée ; mais pour cette fois il ne fut pas écouté, et Frédéric prit la résolution de faire sa demande au baron.

Dès le lendemain il l'aborda, et après l'avoir remercié des plaisirs qu'il goûtait dans son château, il amena la conversation sur les aimables qualités d'Angela, sur sa beauté, sa modestie, et tout en félicitant le baron d'être le père d'une aussi charmante personne, il lui découvrit qu'il ressentait pour elle le plus violent amour, et termina en lui demandant la permission de prétendre à sa main.

Le Baron qui, d'après différens rapports, connaissait les mœurs du jeune duc, fut vivement affecté de cette demande, il se rappelait la promesse qu'il avait faite à Aimond, et les avantages les plus brillans n'étaient point capables de le faire varier dans ses intentions; il fallait donc refuser Frédéric, il le fit avec tous les ménagemens qu'il devait employer envers son souverain; mais de manière cependant à lui ôter tout espoir.

Il est difficile de peindre l'étonnement du duc à la réponse du baron, son rang semblait lui assurer que sa demande serait acceptée avec joie, et point du tout, elle était rejettée; humilié, confondu, il prit brusquement congé de ses hôtes, et retourna à Lunéville, en jurant de se venger de cet outrage. « Eh! quoi! se disait-il, » lorsque j'oublie les distances qui le sé-

» parent de moi, lorsque guidé par la
» force de mon amour, je veux honorer
» sa fille du don de ma main, que du
» rang de ma vassale je l'élève jusqu'à
» moi, on me refuse! Est-ce à moi à
» souffrir une telle humiliation. Non,
» inflexible vieillard, ton refus décide
» de ta perte, et tu ressentiras bientôt
» les effets de ma vengeance. » Thibault souriait aux projets de son maître, et voyait dans sa colère de quoi alimenter sa méchanceté.

Le baron s'était bien apperçu de l'effet que sa réponse avait produit sur Frédéric, Angela d'après l'entretien qu'elle avait eu avec le duc, devinait bien aussi le motif de son départ précipité; mais tous deux aimaient à croire qne ce n'était qu'un moment d'humeur, et connaissant l'inconstance de leur souverain ils espéraient que la vue d'un nouvel objet détruirait facilement l'impression qu'Angela paraissait avoir faite sur son cœur.

Ce fut vers cette époque que l'on reçut

la nouvelle de cette fameuse bataille de Bovines. La nouvelle gloire dont Aimond venait de se couvrir fut annoncée par Thierry, lui-même, qui, comme on sait, s'était rendu porteur des dépêches de son maître. Le baron versa des larmes au récit de la bravoure de son jeune élève, les marques d'amitié dont Philippe l'honorait enchantaient le baron, Angela se trouvait fière d'être aimée de celui qui se faisait distinguer du roi et fixait sur lui les regards de la France. Thierry augmentait encore l'allégresse générale par le récit de mille particularités indifférentes pour tout autre, mais précieuses pour les habitans de Dompaire.

Angela, en partageant la joie publique, éprouvait encore un secret plaisir ; cette étonnante bataille et la prise des principaux chefs de l'armée ennemie devaient naturellement amener une paix générale : le retour des Lorrains, fournis par son père et par Guéréhard, était une preuve que Philippe ne prévoyait pas avoir besoin plus long-tems d'une armée aussi considérable. Or donc, Aimond après avoir passé quelques jours à la cour ne pouvait manquer de reprendre le chemin du château, le baron accomplirait sa promesse, comblerait leurs vœux, et alors, elle ne voyait qu'un avenir délicieux : l'amour parait des couleurs les plus aimables, ses projets..... Qu'elle était loin encore de les voir se réaliser ! que d'affreux événemens vont renverser ses conjectures !

Chaque Lorrain rentré dans sa famille, offrait à Angela le tableau du bonheur, dont elle se flattait bientôt de jouir ; elle eut voulu qu'Aimond ne fût qu'un simple soldat ; elle murmerait contre sa gloire, contre son rang, contre Philippe qui prolongeait son absence : amour ! Quel est celui que tu n'as pas fait déraisonner !

Lorsque songeant à son amant elle s'écartait du château, s'approchait-elle d'une chaumière ? elle entendait prononcer le nom d'Aimond : sans lui, disait l'un, vous ne m'eussiez pas revu, notre compagnie aurait été massacrée, mais son courage nous sauva du danger : regarde cette blessure, disait un autre, elle fut reçue à ses côtés, il pensa lui-même la plaie et l'arrosa de ses larmes. Les enfans animés par les récits de leurs pères, de leurs frères, ne représentaient dans leurs jeux que des combats, et toujours, Aimond était figuré par le plus courageux et le plus intrépide : tout semblait se réunir pour chanter ce jeune héros ; et quel triomphe vaut ce libre hommage de tout un peuple. Ah ! répétons avec un grand homme : *le sourire du peuple vaut mieux que la faveur des rois.*

Thierry, de son côté, employait ses journées à parler de son jeune maître : on devine qui l'écoutait, le faisait recommencer ; c'est ainsi que l'on passait le tems en attendant toujours le retour d'Aimond.

Frédéric n'avait encore rien entrepris : le premier projet de vengeance qui s'était présenté à son esprit avait été de révoquer le baron ; mais il craignit, par cet acte d'autorité, d'indisposer contre lui ses sujets dont il savait bien n'être pas aimé; d'un autre côté, le baron et sa fille une fois renvoyés iraient se réfugier dans un pays peut être éloigné, alors il se verrait privé de celle qu'il aimait ; il rejetta donc cette idée: celle d'enlever Angela lui sourit davantage : n'ayant pas trop dissimulé ses sentimens pour elle, il avait bien à craindre d'être soupçonné ; mais quel audacieux oserait accuser son souverain! Le baron était trop âgé pour opposer une vigoureuse défense, d'ailleurs on pouvait éviter les moyens violens : une fois maître d'Angela, il la reléguait dans une demeure ignorée, privée de tous secours, elle se verrait bientôt forcée de céder à ses coupables désirs. Ce projet était près de recevoir son exécution ; mais Thibault consulté ne fut pas de l'avis de son maître, et d'après une découverte importante, il proposa un nouveau moyen.

« Lorsque vous avez juré une haine

implacable au baron de Dompaire, dit-il, avec ce ton froidement barbare qui lui était propre, j'ai dû m'occuper des moyens de servir vos projets, et je l'ai fait : surpris d'abord que votre tranquillité fût troublée par une femme, lorsque mille autres ambitionnent l'honneur de vous plaire, j'ai pensé que ce n'était qu'un feu passager; mais voyant au contraire votre amour s'augmenter par les refus qu'il éprouvait, j'ai cherché à en deviner la cause; j'ai questionné, écouté, observé et réussi à pénétrer le mystère : vous avez un rival. — Un rival? — Oui, et d'autant plus dangereux qu'il a l'aveu du baron; qu'il est aimé d'Angela, chéri de tout ce qui l'entoure; en un mot que c'est Aimond. — Aimond! — Lui-même. Angela ne respire que pour lui et lui garde une fidélité à toute épreuve. — Il est absent? — Sans doute. — Pourquoi alors ne pas profiter de son séjour à la cour de France pour enlever sa maîtresse? — Beau projet, ma foi; où conduira-t-il?

Vous aurez la petite en votre pouvoir ; mais croyez-vous pour çà qu'elle changera de sentimens ? Irritée de votre procédé, elle sera furieuse contre vous, et ce n'est que par la force que vous obtiendrez des faveurs qui n'ont de prix que lorsqu'elles sont partagées. — Alors que faire ? — J'ai conçu un projet plus vaste et plus susceptible de vous satisfaire. Aimond est la cause des refus que vous éprouvez, c'est Aimond que vous devez punir ; qu'il disparaisse, et Angela n'ayant plus l'espoir de lui appartenir ne sera pas aussi cruelle : une fois l'objet de son amour anéanti, l'ambition fera le reste ; elle a du pouvoir sur le cœur des femmes, Angela, votre vassale, ne pourra se refuser au plaisir de se voir votre égale. — Mais comment nous délivrer d'Aimond ? — Je m'en charge. Je ferai épier ses démarches, et, lorsque j'apprendrai son retour, des gens sûrs seront apostés sur son passage ; là, au milieu d'une attaque simulée, il périra. — Un assassinat !

— Oui, si vous voulez l'appeler ainsi. — Ah! jamais. — Renoncez donc en ce cas à la possession de cette femme charmante et voyez-la passer dans les bras d'un autre. — Y renoncer? cela m'est impossible. — Consentez donc à ce que je vous propose, et soyez sûr du succès; d'ailleurs, qu'est-ce que cet Aimond? un enfant inconnu, elevé par pitié, sans doute de la plus basse extraction. — Il est vrai. — Permettez l'exécution de mon projet, c'est le seul capable de satisfaire votre amour et votre intérêt. Je dis votre intérêt, car qui sait si l'existence d'Aimond ne peut vous causer des craintes? Dès ses premiers pas dans la carrière des armes, il a obtenu des succès. Aimé de ses soldats, chéri du roi de France, je prédis qu'il peut devenir dangereux : rien ne donne de l'ambition comme de voir les regards d'une nation entière fixés sur vous; une fois l'époux d'Angela, qui sait quels seront ses projets? Ne peut-il pas par la force des armes ou à titre de récompense parvenir à un rang égal au vôtre, troubler la tranquillité de vos états, s'en emparer peut-être? Croyez-moi, qu'il meure! et qu'un voile impénétrable couvre à jamais ce meurtre; alors vous n'aurez plus de rival à redouter; Angela, privée de son amant, écoutera votre amour; son père, délié de sa promesse, l'engagera lui-même à accepter vos offres; elle cédera, et des jours de bonheur embelliront votre vie.

Comme il était adroitement perfide! comme il savait amener au but qu'il s'était proposé! Si Frédéric eût été moins faible, s'il eût encore conservé le germe d'une vertu, il eût puni le traître capable de lui donner de pareils avis; mais Frédéric n'écoutait que ses sens; il brûlait pour Angela, et rien de ce qui pouvait lui faire espérer sa possession ne devait être rejetté. Il souscrivit donc à cet affreux projet, et en attendit le succès en se plongeant dans de nouvelles débauches.

CHAPITRE VIII.

Assassinat.

Tandis qu'on préparait à Lunéville la mort d'Aimond, il moissonnait de nouveaux lauriers dans les plaines du Poitou. Philippe fut victorieux, et, par l'intercession de Pierre, duc de Bretagne, le vicomte de Thouars rentra dans les bonnes-grâces du roi. L'armée s'était approchée de Parthenay : le roi Jean voyant bien qu'il était inutile de se *défendre*, préféra faire demander une trêve : le légat du pape se chargea de cette mission, et Philippe, par respect pour son caractère, ne voulut point refuser, et accorda une trêve de cinq ans *.

* Historique.

Revenu de nouveau dans la capitale, Aimond fut encore l'objet des félicitations de toute la cour : St.-Géran cette fois avait acquis beaucoup de gloire ; mais cette conformité de succès, loin d'altérer l'amitié qui liait ces deux héros, ne fit qu'en resserrer les liens.

Philippe fut le premier à donner à Aimond la liberté de revoir ses foyers. « Vous avez assez fait pour la gloire, » lui dit-il, il est tems que vous fassiez » quelque chose pour l'amour ; je n'ai » point oublié Angela : allez déposer à » ses pieds les lauriers que vous avez » cueillis, et souvenez-vous toujours que » vous avez un ami, un protecteur dans » ma personne ».

Aimond voulut se jetter aux pieds du monarque qui lui tendit affectueusement les bras et le pressa sur son cœur : il le combla de présens ; la reine lui donna une écharpe brodée de sa main et de fort beaux diamans pour Angela. Aimond ordonna les préparatifs de son voyage, et se fit devancer par son bagage ; il fallut aussi qu'il se séparât de St.-Géran ; quelques affaires le retenaient encore à la cour, ensuite il devait retourner près de Mathilde lui rendre compte de la conduite de sa troupe, embrasser sa chère Amélie et partir à la recherche de Dandelot et du fils de la comtesse. La séparation de ces deux jeunes héros fut pénible ; ils sentaient qu'ils avaient besoin l'un de l'autre ; mais le devoir l'emporta : St.-Géran s'arracha des bras de son ami, en lui promettant de le visiter à Dompaire dans le voyage qu'il devait faire.

Angela et le baron étaient dans une parfaite sécurité ; ils étaient loin de soupçonner les affreux complots formés à Lunéville : Frédéric paraissait avoir renoncé à son amour, et le prochain retour d'Aimond devait achever de lui ôter le moindre espoir. Thierry avait épuisé toutes les anecdotes du camp : tous les domestiques les savaient par cœur, aussi ne trouvait-il plus d'auditeurs : l'ennui était tout prêt de reprendre son empire, lorsque les bagages d'Aimond entrèrent dans la cour. Il est impossible de peindre la joie des habitans de Dompaire : les champs sont abandonnés, les travaux suspendus : on entoure le château, on se presse, on veut voir : tout ce qui appartient, tout ce qui a touché au héros est un objet de curiosité et de vénération pour ces bons habitans. Pendant ce tems Angela et le baron relisent avec avidité le billet que leur écrit Aimond : dans deux jours, marque-t-il, il sera dans leurs bras. Deux jours ! et tous les vœux d'Angela seront comblés ! deux jours ! et elle reverra celui qu'elle aime ! le baron pressera sur son sein son fils adoptif, son élève, l'époux de sa fille ! deux jours ! et le château de Dompaire recevra sous son toît hospitalier le vainqueur de Bovines ! Leur joie est au comble ; elle est dans leurs yeux, sur leurs figures, dans leur maintien ; bientôt elle éclate et leur allégresse réunie à celle de leurs vassaux porte jusqu'à Lunéville la nouvelle du retour d'Aimond.

Thibault a épié ce moment : la nouvelle parvient jusqu'à lui, et, lorsque tout est dans la joie, il songe qu'il est tems d'aiguiser les poignards. Il rassemble dans l'ombre ses complices ; leur annonce que la victime s'approche, leur indique le lieu, l'heure où ils doivent frapper, prodigue l'or pour s'assurer du secret, et enveloppe cette effrayante exécution du voile de la politique, en disant que ce meurtre est nécessaire à la sûreté de l'état. Les assassins courent à leurs postes et Thibault vole annoncer à Frédéric que dans vingt-quatre heures il sera vengé.

Aimond, pendant ce tems, marche tranquillement : les idées les plus riantes se présentent en foule à son esprit, encore quelques heures, et il pressera dans ses bras le baron, Angela, tout ce qui lui est cher. Ah ! s'il n'eût écouté que son impatience, il eût rejoint, devancé, ceux qu'il avait envoyés en avant ; mais il connaissait la téndresse du baron, il craignait que son arrivée subite lui fît une trop forte impression; il aimait donc mieux retarder son bonheur afin de le goûter sans amertume.

Il n'était plus qu'à quelques lieues de Lunéville, déjà il apperçoit les girouettes * qui ornent le haut des tourelles du palais du vertueux Guéréhard, il donne des larmes à sa mémoire et ne peut s'empêcher de s'écrier: ô mon dieu, fais que Frédéric soit digne de son père!

La mélancolie que ce souvenir avait fait naître en son esprit, l'avait empêché de s'appercevoir d'un orage assez fort qui s'était formé sur sa tête; bientôt quelques éclairs sillonnent la nue, le tonnerre se fait entendre au loin, et tout semble annoncer un ouragan. Aimond allait s'enfoncer dans un bois qui se trou-

* A cette époque, les chevaliers et les nobles avaient seuls le droit de placer des girouettes sur le faîte des bâtimens. Leur forme représentait la petite bannière que les chevaliers portaient au haut de leurs lances.

vait sur son passage.— Ah ! monsieur, lui dit son écuyer Robert, qui le suivait, et qui était loin d'être rassuré, qu'allez-vous faire ? voulez-vous que la foudre tombe sur nos têtes ? — Poltron.— Poltron tant qu'il vous plaira, monsieur, mais je ne vois point de gloire à mourir par un ennemi qu'on ne peut combattre, la cîme des arbres balancée par les vents ne peut manquer d'attirer le tonnerre ; croyez-moi, gagnons plutôt ce défilé, pratiqué à travers ces montagnes que nous voyons là-bas, nous y trouverons un abri bien plus sûr ? Aimond se rendit aux prières de son écuyer, et piquant des deux, il courut à l'endroit qu'on lui désignait ; après avoir fait quelques pas dans ce chemin étroit, Robert apperçut une espèce de caverne creusée dans l'épaisseur de la montagne ; il engagea son maître à y entrer, Aimond dont les vêtemens étaient trempés par la pluie y consentit, et tous deux s'y abritèrent au grand contentement de leurs chevaux, qui déj plus d'une fois s'étaient cabrés au bruit effrayant de la foudre.

Il y avait quelques tems qu'ils étaient ainsi retirés ; l'orage ne cessait pas , l'obscurité était grande et l'eau tombait d'une manière effrayante, Aimond s'impatientait d'être retenu aussi long-tems et voulait se remettre en route ; Robert le conjurait de rester, et pour l'y engager lui peignait des couleurs les plus noires les accidents qui pouvaient résulter de cette imprudence. Tout-à-coup, un bruit sourd se fait entendre près d'eux ; ils écoutent , c'est le pas de plusieurs personnes, qui marchent au-dessus de leur tête : bientôt ils entendent des sons , quelques paroles même parviennent jusqu'à eux , ils distinguent ces mots : c'est lui.... Il aura descendu dans le chemin creux.... Cherchons.... Ne le manquons pas. Robert tremblait de tout son corps , Aimond ne concevait pas par quel moyen ce bruit parvenait jusqu'à lui, il cherchait à en deviner la cause, lorsqu'il s'apperçut qu'au fond de la caverne se trouvait une large ouverture donnant sur le bois, mais tellement obstruée par des branches d'arbres, des feuillages, qu'il était impossible d'y passer. Aimond en s'en approchant entendit encore distinctement marcher et parler : tout annonçait des gens à la recherche de quelqu'un, et faisait présumer des malfaiteurs; car quelles sont les personnes qui auraient pu parcourir une forêt par un tems semblable. Robert qui, l'instant d'avant, priait son maître de rester, le conjurait maintenant de partir au plus vîte. Aimond y consentit, mais dans l'intention de défendre celui qu'on se proposait d'attaquer, il reprit ses armes et s'élançant sur son cheval, il se mit en marche : *l'entreprise* était périlleuse, mais Aimond bravait tous dangers : vingt sentiers différens s'offraient à sa vue, il en suivit un et se trouva bientôt dans le bois et près de l'endroit qu'il avait remarqué : il cherche, il appelle ; mais sa voix est couverte par les éclats du tonnerre. Arrivé au milieu d'un carrefour, il se trouve sur le champ investi par douze ou quinze brigands qui se jettent sur lui en s'écriant: le voilà! le voilà! Aimond surpris peut à peine se défendre, il parvient cependant à se dégager un instant et tirant sa redoutable épée, il se bat avec une intrépidité dont il était seul capable: le danger a ranimé le courage de Robert qui le seconde de toutes ses forces, déjà plusieurs des brigands ont mordus la poussière; mais Aimond reçoit un coup dans le côté, il ne peut se défendre d'un mouvement de douleur qui lui fait lâcher son épée, les brigands profitant de cette circonstance le renversent de son cheval et vingt poignards sont levés sur lui. Robert ne doutant point de la perte de son maître ne voit de salut que dans la fuite, et confiant son existence à la vîtesse de son cheval, il disparaît au grand galop. Le tonnerre, l'obscurité, la pluie, qui tombe en abondance, les torrens qui s'échappent de tous les côtés, n'ont plus rien d'effrayant pour lui, il court sans s'arrêter, s'égare, se retrouve, s'égare encore ; après avoir fait vingt fois plus de chemin qu'il ne faut il arrive aux portes de Lunéville, marche droit au palais de Frédéric et lui fait le récit de la sanglante catastrophe dont il vient d'être le témoin : le duc feint de partager sa douleur : Thibault présent apprend le succès de son affreuse trahison ; il a peine à dissimuler sa joie ; un regard de Frédéric le contient. Des ordres sont donnés pour se mettre à la poursuite des assassins : Thibault feignant le plus grand zèle, s'offre de marcher à la tête du détachement ; il obtient de l'écuyer d'Aimond tous les renseignemens nécessaires, part et dirige sa troupe du côté opposé.

Robert passe la nuit au palais, et le lendemain, de grand matin, s'achemine vers Dompaire, chargé par Frédéric d'exprimer au baron la part qu'il prend à cet événement.

Combien Angela était éloignée de songer à un si funeste accident ! tout-entière à la joie, elle comptait les minutes qui devaient la rapprocher de son amant ; espoir flatteur ! douce illusion ! disparaissez ! la douleur et les larmes vont prendre votre place et accabler de tout leur poids ceux qui n'aguères jouissaient de l'ivresse qu'inspire un retour desiré.

Angela était à sa croisée, ses regards cherchaient à découvrir dans l'immensité les traces de son amant ; ses yeux sans cesse tournés vers Lunéville, croyaient toujours l'appercevoir : un tourbillon de poussière s'élève dans la plaine ; bientôt elle distingue un cavalier venant à toute bride. Il n'y a plus à en douter, il dirige son coursier vers le château ; Angela descend, traverse les cours. On frappe à coups redoublés, le pont-levis se baisse : Robert entre, Angela est près de lui ; elle cherche à deviner dans ses yeux si Aimond est encore éloigné ; mais, grand Dieu ! quel est son effroi ! la figure de Robert n'exprime que la tristesse, ses yeux sont baignés de larmes ; il est pâle, tremblant : Angela le questionne envain ; il hésite, la regarde, soupire, et avec un grand effort, parvient à laisser échapper ces mots : « Du courage, mademoiselle, vous en avez besoin ». Il marche au château, le baron qui a entendu du mouvement dans les cours est inquiet d'en connaître la cause. Son grand âge et ses infirmités l'ont empêché de chercher lui-même à s'en assurer ; il appelle Thierry, sa fille, tous ses domestiques, enfin on arrive à son appartement ; mais ce ne sont que des figures effarées. Robert prend la parole et raconte le terrible événement ; à peine a-t-il annoncé l'assassinat d'Aimond, qu'Angela jette un cri et s'évanouit ; le baron veut secourir sa fille, et succombe lui-même à sa douleur ; Thierry vivement affecté ne peut porter que de faibles secours. Tous les domestiques ont connu Aimond, tous le chérissent, et la nouvelle de sa mort les plonge dans la consternation. C'est un tableau de désolation générale : on n'entend

tend que des pleurs, des gémissemens. Le baron est pâle, défait; Angela a l'œil hagard, elle veut parler; les sanglots étouffent sa voix. Il n'est pas en mon pouvoir de peindre cette scène terrible; que le lecteur se mette à la place de chaque personnage, je m'en rapporte à sa sensibilité.... Je pose la plume.

Bientôt l'affreuse nouvelle se répand dans Dompaire, et porte la douleur dans l'intérieur des chaumières. Ces bons paysans mêlent leurs larmes à celles d'Angela, du baron. Les braves qui avaient vaincu sous les ordres d'Aimond croyaient avoir perdu leur père, leur ami; de cette scène de douleur naît spontanément un mouvement sublime. Les champs sont abandonnés, les travaux quittés; on se rend en foule à l'église, le pasteur devine le sentiment qui agit sur le cœur de ces braves guerriers: il marche au temple, et des chants de douleur se font entendre; rien n'a été préparé, aucune invitation n'a été faite, et cependant tous les habitans sont réunis, ils prient tous pour le repos de l'ame de celui qu'ils chérissaient, et ne cessent leurs prières que pour verser de nouvelles larmes.

Funeste conséquence du crime, que venez-vous de produire ! Angela perd tout-à-la-fois un frère, un époux ; le baron celui qu'il regardait comme son fils, celui qui devait relever sa famille prête à s'éteindre : en lui était tout son espoir ; la haîne et l'ambition viennent de détruire d'un seul coup toutes les espérances. Ah ! « les fils dont l'industrieuse » araignée ourdit sa toile, sont des câ- » bles auprès des biens qui attachent » l'homme au bonheur et à la vie ; ils » se rompent au moindre souffle ».

FIN DU PREMIER VOLUME.

TABLE

Des Chapitres contenus dans le premier Volume.

Fin de la table du premier volume.

nis à l'exécution ...
que le condamné sera dans le délai de se pourvoir par appel, requête civile ou cassation, ou qu'il n'aura pas formellement et valablement aquiescé au jugement.

242. Par le jugement qui interviendra sur le faux, il sera statué, ainsi qu'il appartiendra, sur la remise des pièces, soit aux parties, soit aux témoins qui les auront fournies ou représentées; ce qui aura lieu même à l'égard des pièces prétendues fausses, lorsqu'elles ne seront pas jugées telles : à l'égard des pièces qui auront été tirées d'un dépôt public, il sera ordonné qu'elles seront remises aux dépositaires, ou renvoyées par les greffiers de la manière prescrite par le tribunal; le tout sans qu'il soit rendu séparément un autre jugement sur la remise des pièces, laquelle néanmoins ne pourra être faite qu'après le délai prescrit par l'article précédent.

243. Il sera sursis, pendant ledit délai, à la remise des pièces de comparaison ou autres, si ce n'est qu'il en soit autrement ordonné par le tribunal, sur la requête des dépositaires desdites pièces, ou des parties qui auroient intérêt de la demander.

244. Il est enjoint aux greffiers de se conformer exactement aux articles précédens, en ce qui les regarde, à peine d'interdiction, d'amende qui ne pourra être moindre de cent francs, et des dommages-intérêts des parties; même d'être procédé extraordinairement, s'il y échet.

partie, par acte d'avoué à avoué, de déclarer si elle veut ou non se servir de la pièce, avec déclaration que, dans le cas où elle s'en serviroit, il s'inscrira en faux.

216. Dans les huit jours, la partie sommée doit faire signifier, par acte d'avoué, sa déclaration signée d'elle, ou du porteur de sa procuration spéciale et authentique, dont copie sera donnée, si elle entend ou non se servir de la pièce arguée de faux.

217. Si le défendeur à cette sommation ne fait cette déclaration, ou s'il déclare qu'il ne veut pas se servir de la pièce, le demandeur pourra se pourvoir à l'audience, sur un simple acte, pour faire ordonner que la pièce maintenue fausse sera rejetée par rapport au défendeur; sauf au demandeur à en tirer telles inductions ou conséquences qu'il jugera à propos, ou à former telles demandes qu'il avisera, pour ses dommages et intérêts.

218. Si le défendeur déclare qu'il veut se servir de la pièce, le demandeur déclarera par acte au greffe, signé de lui ou de son fondé de pouvoir spécial et authentique, qu'il entend s'inscrire en faux; il poursuivra l'audience sur un simple acte, à l'effet de faire admettre l'inscription, et faire nommer le commissaire devant lequel elle sera poursuivie.

219. Le défendeur sera tenu de remettre la pièce arguée de faux, au greffe, dans trois jours de la signification du jugement qui aura admis l'inscription et nommé le commissaire, et

www.ingramcontent.com/pod-product-compliance
Ingram Content Group UK Ltd.
Pitfield, Milton Keynes, MK11 3LW, UK
UKHW022102190726
13855UKWH00002B/599